James Salter est né en 1925. En 1945, il sort de West Point, et entre dans l'US Air Force comme pilote. En 1956, il publie son premier roman et démissionne de l'armée pour se consacrer à l'écriture. Son troisième roman, *Un sport et un passe-temps*, lui vaut une réputation internationale. Suivent *Un bonheur parfait*, *L'Homme des hautes solitudes* et *American Express* (prix Faulkner 1989). Le prix PEN Center USA a été décerné à son autobiographie, *Une vie à brûler*, en 1998. James Salter est considéré comme un styliste de premier plan. Sa prose « rare et éblouissante » (John Irving) rappelle celle de Nabokov.

DU MÊME AUTEUR

L'Homme des hautes solitudes
Denoël, 1981
Éditions des Deux-Terres, 2003
et « Petite Bibliothèque de l'Olivier », n° 64

Un sport et un passe-temps
Éditions de l'Olivier, 1995
« Petite Bibliothèque américaine », n° 11
et « Points Signatures », n° P2022

Un bonheur parfait
Éditions de l'Olivier, 1997
« Petite Bibliothèque américaine », n° 23
et « Points », n° P2026

Une vie à brûler
prix PEN Center USA 1998
Éditions de l'Olivier, 1999
et « Petite Bibliothèque américaine », n° 31

Cassada
Éditions de l'Olivier, 2000
et « Petite Bibliothèque de l'Olivier », n° 52

Bangkok
Éditions des Deux-Terres, 2003
et « Petite Bibliothèque de l'Olivier », n° 65

James Salter

AMERICAN EXPRESS

Traduit de l'anglais (États-Unis)
par Lisa Rosenbaum

Éditions de l'Olivier

TEXTE INTÉGRAL

TITRE ORIGINAL
Dusk and Other Stories

ÉDITEUR ORIGINAL
North Point Press

ISBN 978-2-7578-1950-0
(ISBN 2-87929-023-6, 1re publication)

Am Strande von Tanger

Barcelone à l'aube. Pas une lumière dans les hôtels. Toutes les grandes avenues vont vers la mer.

La ville est déserte. Nico dort. Entortillée dans ses draps, ligotée par ses longs cheveux, un de ses bras nus est resté prisonnier sous l'oreiller. Absolument immobile, elle ne semble pas respirer.

Dans une cage, dont les contours apparaissent sous un foulard de soie noir et indigo, dort Kalil, l'oiseau de Nico. La cage se trouve dans une cheminée vide d'une propreté parfaite. Un vase de fleurs et un bol de fruits sont placés à côté. Kalil dort, la tête repliée sous son aile soyeuse.

Malcolm dort. Les lunettes à monture d'acier qui ne lui servent à rien – ce ne sont pas des verres correcteurs – sont posées, branches ouvertes, sur la table. Il dort sur le dos ; son nez fend le monde des rêves telle la quille d'un bateau. Ce nez, le nez de sa mère, ou du moins sa réplique, est comme un postiche de théâtre, un étrange ornement collé sur son visage. C'est la première chose qu'on remarque chez lui. La première chose qu'on aime. D'une certaine manière, le nez exprime l'adhésion à la vie. Le sien est grand, impossible à cacher. Par ailleurs, Malcolm a les dents gâtées.

Au sommet des quatre flèches de l'église laissée inachevée par Gaudí, la lumière commence à faire apparaître des inscriptions dorées, trop pâles pour qu'on puisse les déchiffrer. Il n'y a pas de soleil, juste un silence blanc. Dimanche, les premières heures du jour en Espagne. Une brume couvre les collines qui entourent la ville. Les magasins sont fermés.

Après son bain, Nico est sortie sur la terrasse. Elle s'est enroulée dans une serviette, de l'eau brille encore sur sa peau.

– Il y a des nuages, dit-elle. Ce n'est pas la journée idéale pour aller à la plage.

Malcolm lève les yeux.

– Le ciel va peut-être se dégager.

Le matin. L'électrophone joue du Villa-Lobos. La cage trône sur un tabouret, au seuil de la terrasse. Allongé dans une chaise longue, Malcolm mange une orange. Il est amoureux de cette ville. La profonde affection qu'il lui porte repose en partie sur une nouvelle de Paul Morand, et aussi sur un incident survenu à Barcelone il y a des années : un soir au crépuscule, un homme mystérieux et fragile, presque un saint, fut renversé par un tramway alors qu'il se rendait à l'église. C'était Antonio Gaudí. Il était très vieux ; il avait une barbe blanche, des cheveux blancs, des vêtements très simples. Personne ne le reconnut. Il resta couché dans la rue, sans même un taxi pour le transporter à l'hôpital. Finalement, on l'amena à l'hospice. Il mourut le jour où Malcolm vint au monde.

L'appartement se trouve Avenida General Mitre. Son *tailleur*, comme l'appelle Nico, est près de l'église de Gaudí, à l'autre bout de la ville. C'est un quartier ouvrier ; cela sent un peu les ordures. L'endroit est entouré de murs. Des quatre-feuilles ornent le trottoir. Dominant tout, les flèches. *Sanctus, sanctus*, crient-elles. Elles sont creuses. La construction n'a jamais été terminée. En se promenant, le soir, dans le calme de Barcelone, Malcolm a fait et refait le tour du monument vide. Il a glissé des pesetas, pratiquement sans valeur, dans la fente réservée aux DONS POUR LA POURSUITE DES TRAVAUX. Malcolm a l'impression que les billets de banque tombent simplement par terre, de l'autre côté ; ou alors – en tendant l'oreille – qu'un prêtre binoclard les enferme dans un coffret en bois.

Malcolm croit en Malraux et en Max Weber : l'art est la véritable histoire des nations. Certains traits de sa personnalité témoignent d'un processus inachevé. Il s'agit de la transformation d'un homme en un instrument fidèle. Il se prépare à devenir le grand artiste qu'il s'attend à être un jour, un artiste au sens vraiment moderne du terme, c'est-à-dire ne produisant rien, mais convaincu de son génie. Un artiste dégagé des exigences de l'œuvre, un artiste de concepts, de générosité. Son travail, c'est la création de sa propre légende. Aussi longtemps qu'il aura ne serait-ce qu'un seul disciple, il pourra croire au caractère sacré de son projet.

Il est heureux ici. Il aime les larges avenues ombragées d'arbres, les restaurants, les longues soirées. Il est plongé dans le courant paresseux d'une vie conjugale.

Nico sort sur la terrasse, vêtue d'un pull couleur des blés.

– Veux-tu un café ? demande-t-elle. Je peux aller t'en chercher un en bas.

Malcolm réfléchit un moment :

– Oui.

– Comment le veux-tu ?

– *Solo*.

– Noir.

Elle aime faire cette course. L'immeuble est pourvu d'un petit ascenseur qui monte très lentement. Quand il atteint le palier, elle entre et ferme soigneusement les portes derrière elle. Puis, tout aussi lentement, elle descend ; chaque étage est comme une décennie. Elle pense à Malcolm. Elle pense à son père et à sa seconde femme. Elle, Nico, est sans doute plus intelligente que Malcolm, conclut-elle. En tout cas, elle a plus de volonté que lui. En revanche, à sa manière, Malcolm est plus beau. Elle a une grande bouche un peu bête. Malcolm est généreux. Elle se sait plutôt sèche. Après le deuxième étage, elle se regarde dans le miroir. Bien entendu, ce ne sont pas des choses qu'on découvre tout de suite. Comme dans une pièce de théâtre, elles se révèlent peu à peu, scène après scène ; la réalité d'une autre personne se modifie. De toute façon, l'intelligence n'a pas d'importance. C'est une qualité abstraite. Elle n'inclut pas la capacité cruelle, intuitive, de vivre la nouvelle vie, celle que son père ne comprendrait jamais. Malcolm, lui, la possède.

À dix heures et demie, le téléphone sonne. Elle répond. Allongée sur le canapé, elle parle en allemand. Quand elle raccroche, Malcolm lui crie :

– Qui était-ce ?

– Veux-tu aller à la plage ?

– Oui.

– Inge vient nous chercher dans une heure, annonce Nico.

Malcolm a entendu parler d'elle ; il est curieux de faire sa connaissance. Et puis, elle a une voiture. Obéissant à ses désirs, le temps a commencé à changer. Un peu de circulation matinale dans l'avenue, là en bas. Le soleil perce un instant les nuages, disparaît, revient. Au loin, bien au-delà de ses pensées, les quatre flèches où alternent ombre et splendeur. Pendant les intervalles ensoleillés, les caractères inscrits au sommet deviennent lisibles : *Hosanna.*

À midi, Inge arrive, souriante. Elle est vêtue d'une jupe beige et d'un chemisier dont les boutons du haut sont défaits. Elle est un peu forte pour porter une minijupe. Nico fait les présentations.

– Pourquoi ne m'avez-vous pas appelée hier soir ? demande Inge.

– Nous en avions l'intention, mais il était tard. Nous n'avons dîné qu'à onze heures, explique Nico. J'étais persuadée que tu serais sortie.

Non. Elle a attendu toute la nuit un coup de fil de son petit ami, répond Inge. Elle s'évente avec une carte postale de Madrid. Nico va dans la chambre à coucher.

– Tous des salauds ! s'écrie Inge. Elle élève la voix pour que son amie l'entende. Il devait m'appeler à huit heures, mais il m'a fait attendre jusqu'à dix heures. Il était très pressé ; il allait me rappeler un peu plus tard, m'a-t-il dit. Tu parles ! J'ai fini par m'endormir.

Nico met une jupe plissée gris pâle et un pull jaune citron. Elle se regarde de dos dans le miroir. Elle a les bras nus. La voix de Inge lui parvient de la salle de séjour.

– Ils sont mal élevés, c'est ça le problème. Ils vont au Polo Club, c'est tout ce qu'ils connaissent.

Maintenant, elle s'adresse à Malcolm.

– Quand on couche avec quelqu'un, ça devrait être agréable après, on devrait se montrer gentil l'un envers l'autre. Ici, ça ne se passe pas comme ça. Les Espagnols n'ont aucun respect pour les femmes.

Inge a les yeux verts et de jolies dents blanches. Malcolm se demande quel effet cela lui ferait d'avoir une bouche pareille. Le père de Inge est censé être chirurgien. À Hambourg. Nico dit que ce n'est pas vrai.

– Des gamins, poursuit Inge. En Allemagne, par exemple, les hommes vous témoignent un peu d'égards, ils ne vous traitent pas comme ceux d'ici, ils savent se conduire.

– Nico ! appelle Malcolm.

Elle entre en se brossant les cheveux.

– Je lui fais peur, explique Inge. Pour finir, devinez ce que j'ai fait : je lui ai téléphoné à cinq heures du matin. Je lui ai demandé : Pourquoi ne m'as-tu pas rappelée ? Il me répond : Je ne sais pas – je sentais qu'il était à moitié endormi – quelle heure est-il ? Cinq heures. Tu es fâché contre moi ? Et lui : Un peu. Je dis : Très bien, parce que moi, je suis *très* fâchée contre toi. Et bang ! je raccroche.

Nico ferme les portes de la terrasse et rentre la cage.

– Il fait chaud, dit Malcolm, laisse-le dehors. Il a besoin de soleil.

Elle regarde l'oiseau.

– Il n'a pas l'air bien, dit-elle.

– Mais si !

– Son compagnon est mort la semaine dernière, explique-t-elle à Inge. Subitement. Il n'était même pas malade.

Elle ferme une porte et laisse l'autre ouverte. Serein, l'oiseau lisse ses plumes dans la lumière éclatante qui le baigne.

– Je pense qu'ils ne peuvent pas vivre seuls, dit Nico.

– Il va parfaitement bien, lui assure Malcolm. Regarde-le.

Le soleil intensifie les couleurs de l'oiseau. Celui-ci est perché sur le dernier échelon. Il a des paupières parfaitement rondes. Il cligne des yeux.

L'ascenseur est encore à l'étage. Inge entre la première. Malcolm ferme les portes étroites. C'est comme fermer une petite vitrine. Ils commencent à descendre, leurs visages sont proches les uns des autres. Malcolm regarde Inge. Celle-ci est plongée dans ses pensées.

Ils s'arrêtent pour prendre un autre café dans le bar d'en bas. Tenant la porte, Malcolm s'efface devant ses compagnes. L'endroit est désert – à part un homme qui lit le journal.

– Je vais le rappeler, décide Inge.

– Demande-lui pourquoi il t'a réveillée à cinq heures du matin, dit Malcolm.

Inge rit.

– Génial ! s'écrie-t-elle. C'est ce que je vais faire.

Le téléphone est tout au bout du comptoir de marbre. Comme Nico lui parle, Malcolm a du mal à entendre.

– Ça ne t'intéresse pas ? demande-t-il.

– Non.

Inge a une Volkswagen bleue, le bleu d'une enveloppe par avion. Un des pare-chocs est cabossé.

– Vous n'avez pas encore vu ma voiture, dit Inge. Qu'en pensez-vous ? Est-ce que j'ai fait une affaire ? Je n'y connais rien en bagnoles. C'est ma première. Je l'ai achetée à un ami, un peintre, mais elle a eu un accident. Le moteur est un peu grillé. Je sais conduire, mais je préfère avoir quelqu'un à côté de moi. Et toi, tu sais conduire ?

– Bien sûr, répond Malcolm.

Il s'assied au volant et met le contact. Nico monte à l'arrière.

– Alors, qu'en penses-tu ? demande Inge.

– Je te dirai ça dans un instant.

Bien qu'elle n'ait qu'un an, la voiture fait miteux.

Le tissu du plafond est défraîchi. Même le volant semble faussé. Après avoir longé plusieurs pâtés de maison, Malcolm déclare :

– J'ai l'impression qu'elle marche bien.

– Ah oui.

– Les freins sont un peu mous.

– Ah bon.

– Je crois qu'ils ont besoin d'une nouvelle garniture.

– Je viens de la faire graisser, déclare Inge.

Malcolm la regarde. Elle a l'air tout à fait sérieuse.

– Tourne à gauche, dit-elle.

Inge le guide à travers la ville. Il y a un peu de circulation à présent, mais Malcolm ne s'arrête que rarement. À Barcelone, beaucoup de carrefours ont la forme de grands octogones. Rares sont les feux. Ils traversent de vastes quartiers de vieux immeubles, longent des usines ; bientôt apparaissent les premiers champs, à la limite de la ville. Inge se retourne pour regarder Nico.

– J'en ai marre de cet endroit. Je veux aller à Rome.

Ils passent à côté de l'aéroport. La route qui mène à la mer est encombrée. Elle canalise toute la circulation de Barcelone : bus, camions, innombrables petites voitures.

– Ils ne savent même pas conduire ! s'énerve Inge. Qu'est-ce qu'ils foutent ? Tu ne peux pas doubler ? Vas-y !

Elle se penche devant lui pour klaxonner.

– Ça ne sert à rien, déclare Malcolm.

Inge klaxonne encore.

– Ils sont bloqués.

– Oh ! ils m'exaspèrent ! crie Inge.

Dans la voiture qui les précède, deux enfants se sont retournés ; à travers la petite vitre arrière, leurs visages semblent pâles et songeurs.

– Vous avez été à Sitges ? demande Inge.

– Non, à Cadaques.

– Ah ! oui. C'est très beau, mais il faut connaître quelqu'un qui a une villa si on va là-bas.

Le soleil est blanc, la terre couleur paille. Parallèle à la côte, la route longe des plages bon marché, des campings, des maisons, des hôtels. Entre la route et la mer s'étend la voie ferrée ; de petits tunnels passent au-dessous pour permettre l'accès aux baigneurs. Au bout d'un moment, tout ceci commence à disparaître. Ils traversent des espaces presque déserts.

– Sitges est le rendez-vous des blondes d'Europe, dit Inge. Suédoises, Allemandes, Hollandaises. Vous verrez.

Malcolm regarde la route.

– Elles ne savent pas résister aux yeux bruns des Espagnols, ajoute Inge.

Elle se penche de nouveau pour klaxonner.

– Mais regardez-les ! De vrais escargots ! Elles débarquent ici, pleines d'espoir, poursuit Inge. Elles ont fait des économies, elles ont acheté des maillots de bain microscopiques et qu'est-ce qui arrive ? Un homme les aime pour une nuit peut-être. Les Espagnols n'ont aucune idée de la façon dont il faut traiter les femmes.

À l'arrière, Nico se tait. Elle arbore une expression calme, signe qu'elle s'ennuie.

– Ils ne savent rien, insiste Inge.

Sitges est une petite ville aux hôtels humides, aux volets verts et à l'herbe mourante des stations balnéaires. Partout des voitures en stationnement. Dans toutes les rues. Ils finissent par dénicher une place où se garer, à deux pâtés de maisons de la mer.

– Vérifie qu'elle est bien fermée, dit Inge.

– Personne ne te la volera, assure Malcolm.

– Ah ! je vois que tu la trouves moins bien maintenant !

Ils marchent sur la chaussée ; la chaleur semble avoir boursouflé l'asphalte. Alentour, on aperçoit les façades plates et nues de maisons construites trop près les unes des autres. Malgré le grand nombre d'autos, la ville semble étrangement vide. Il est deux heures. Tout le monde est en train de déjeuner.

Malcolm porte un short en gros coton, ce coton bleu satiné des Touaregs. Le vêtement est pourvu d'une demi-ceinture de la largeur d'un doigt. Quand il le met, Malcolm se sent puissant. Il a un corps de coureur à pied, un corps sans défaut, le corps d'un martyr dans un tableau flamand. Des veines pareilles à des cordes apparaissent à la surface de ses membres. Dans les cabines, le mur du fond est en béton et le sol recouvert de chanvre. Les habits de Malcolm pendent, informes, accrochés à une patère. Il sort dans le couloir. Les femmes sont encore en train de se déshabiller, il ne sait derrière quelle porte. Un petit miroir est suspendu à un clou. Il lisse ses cheveux et attend. Dehors, le soleil brille.

La mer commence par une pente douce hérissée de galets pointus. Malcolm entre le premier. Nico le suit sans dire un mot. L'eau est froide. Il la sent grimper le long de ses jambes, atteindre le bord de son maillot, puis se soulever – il essaie de sauter plus haut – et étreindre son corps. Il plonge. Il remonte, souriant. Ses lèvres sont salées. Nico a plongé, elle aussi. Elle émerge doucement tout près de lui et, d'une main, tire en arrière ses cheveux mouillés. Elle se tient là, les yeux mi-clos, sans trop savoir où elle est. Il lui passe un bras autour de la taille. Elle sourit. Elle sait d'instinct à quel moment elle est à son avantage. Pendant quelques instants, ils partagent une sereine dépendance. Il la soulève et, aidé par la mer, la porte vers les eaux profondes. La tête de Nico repose sur son épaule. Allongée en bikini sur la plage, Inge lit *Stern*.

– Qu'est-ce qui ne va pas chez Inge ?

– Tout.

– Je veux dire : pourquoi elle ne se baigne pas ?

– Elle a ses règles, explique Nico.

Ils s'allongent près d'elle, chacun sur sa serviette. Inge, remarque Malcolm, est très bronzée. Nico, elle, ne bronze jamais, même si elle reste longtemps en plein air. Il s'agit presque d'une sorte d'entêtement de sa part, comme s'il lui offrait le soleil et qu'elle le refusait.

Il lui a suffi d'un jour pour obtenir ce bronzage, leur dit Inge. Un seul jour ! Cela semble incroyable.

Elle regarde ses bras et ses jambes comme pour confirmer ses paroles. Oui, c'est vrai. Nue sur les rochers, à Cadaques. En se penchant vers son estomac, elle fait apparaître des bourrelets d'adolescente.

– Tu grossis, dit Nico.

Inge rit.

– Ces plis, ce sont mes réserves, répond-elle.

Ils semblent l'être, en effet. On dirait des ceintures comme s'ils faisaient partie d'un costume qu'elle aurait porté. Quand elle se recouche, ils disparaissent. Elle a les membres lisses. Son ventre, comme le reste de son corps, est couvert d'un léger duvet doré. Deux jeunes Espagnols flânent au bord de l'eau.

Inge parle au ciel. Si elle allait aux États-Unis, serait-ce la peine d'emmener sa voiture ? Après tout, elle l'a achetée à un prix avantageux ; si elle ne veut pas la garder, elle pourra peut-être la revendre et faire un peu d'argent.

– L'Amérique est pleine de Volkswagen, dit Malcolm.

– Ah oui ?

– Pleine de bagnoles allemandes, tout le monde en a une.

– Les Américains doivent les apprécier, conclut Inge. La Mercedes est une bonne voiture.

– Très admirée, confirme Malcolm.

– J'aimerais bien en avoir une. Ou même deux. Quand j'aurai de l'argent, je les collectionnerai. Ce sera mon hobby. J'aimerais vivre à Tanger.

– Il y a de belles plages là-bas.

– Ah oui ? Je serai basanée, comme une Arabe.

– Je te conseille de porter ton maillot.

Inge sourit.

Nico a l'air de dormir. Ils restent allongés en silence, les pieds pointés vers le soleil. Celui-ci a perdu de sa force. Il n'y a plus que des moments passagers de chaleur : quand le vent tombe et que les rayons, bien que faibles, viennent directement sur eux. L'heure mélancolique approche, l'heure où tout se termine.

À six heures, Nico se redresse. Elle a froid.

– Allez, on va se promener au bord de l'eau, dit Inge.

Elle insiste. Le soleil n'est pas encore couché. Elle devient très enjouée.

– Viens, nous sommes dans la partie chic de la plage, toutes les grosses villas sont par ici. Nous allons passer devant et faire plaisir aux vieux messieurs.

– Je ne veux faire plaisir à personne, réplique Nico en serrant ses bras autour de son torse.

– Oh ! ce n'est pas si facile, lui assure son amie.

Maussade, Nico se met à marcher en se tenant les coudes. Le vent souffle de la terre. De petites vagues semblent déferler en silence. Elles font un bruit très doux, comme oublié. Nico porte un maillot une pièce gris décolleté dans le dos. Tandis qu'Inge folâtre devant les maisons des riches, elle contemple le sable.

Inge entre dans l'eau. « Viens, elle est chaude. » Elle rit, elle est heureuse, sa gaieté triomphe de l'heure, triomphe de la fraîcheur du soir. Malcolm la rejoint lentement. L'eau est chaude, en effet. Elle semble plus propre que tout à l'heure. Et il n'y a personne, aussi loin que porte le regard. Ils se baignent dans une mer déserte. Les vagues se gonflent et les soulèvent doucement. L'eau coule sur eux, purifiant leur âme.

Les jeunes Espagnols traînent à l'entrée des cabines, dans l'attente d'un coup d'œil intéressant, au cas où la porte de la douche s'ouvrirait inopinément. Ils portent des maillots en jersey bleu. Ou noir. Ils semblent avoir de très longs orteils. Il n'y a qu'une seule douche pourvue d'un unique robinet couvert de calcaire. L'eau est froide. Inge passe la première. Son minuscule maillot apparaît, le haut, puis le bas, par-dessus le battant de la porte. Malcolm patiente. Il entend Inge qui se frictionne, le fracas de l'eau sur le ciment quand elle s'écarte du jet. Les garçons qui se tiennent près de la sortie l'excitent. Malcolm les regarde. Ils discutent à voix basse et se donnent des tapes pour faire croire qu'ils jouent.

Les rues de Sitges ont changé. C'est l'heure qui prélude au soir et la foule est grouillante. Ils ont du mal à rester ensemble. Malcolm a passé un bras autour de chacune des filles. Sous la pression de ses doigts, celles-ci avancent comme des chevaux. Inge sourit. Les gens vont croire qu'ils couchent tous les trois ensemble, dit-elle.

Ils s'arrêtent dans un café. Inge trouve cet endroit minable.

– C'est le meilleur, affirme simplement Nico.

Elle a le chic pour repérer au premier coup d'œil,

où qu'elle aille, le bon bistrot, le bon restaurant, le bon hôtel.

– Absolument pas, maintient Inge.

Nico n'a pas l'air de s'en formaliser. Ils marchent séparément maintenant. Malcolm murmure :

– Mais qu'est-ce qu'elle cherche ?

– Tu n'as pas compris ? fait Nico.

– Vous voyez ces garçons ? demande Inge.

À présent, ils sont dans un autre établissement, un bar. Tout autour d'eux, bronzés, les cheveux éclaircis par les longs après-midi brûlants, sont assis de jeunes hommes au doux regard indolent.

– Ils sont fauchés, poursuit Inge. Aucun d'eux ne pourrait vous inviter à dîner. Pas un seul. Ils n'ont rien. C'est l'Espagne.

Nico choisit un restaurant. Elle croit s'être dévalorisée pendant cette journée. La présence de cette amie, de cette fille avec laquelle elle avait vaguement partagé sa vie à l'époque où toutes deux essayaient de s'habituer à la ville – où Nico ne connaissait personne, pas même le nom des rues, et où elle était si malade que, n'ayant pas le téléphone, elles avaient télégraphié à son père –, cette soudaine révélation d'Inge semble avoir dépouillé le passé de sa décence. Tout d'un coup, la certitude que Malcolm la méprise la transperce comme une flèche. Son assurance, sans laquelle elle n'est rien, a disparu. La nappe est d'une blancheur éblouissante. Elle éclaire le trio d'une lumière cruelle. Couteaux et fourchettes y sont disposés comme pour une opération chirurgicale. Les assiettes sont froides et vides. Elle n'a pas faim, mais elle n'ose refuser de manger. Inge parle de son petit ami.

– Il est terrible, il est sans cœur. Mais je le comprends. Je sais ce qu'il veut. De toute façon, aucune femme ne peut espérer être tout pour un homme. Ce n'est pas normal. Un homme a besoin de plusieurs femmes.

– Tu es folle, lâche Nico.

– Ce que je dis est exact.

Il ne manquait plus que cette déclaration pour démoraliser complètement Nico. Malcolm examine le bracelet de sa montre. Nico a l'impression que c'est lui qui permet tout cela. « Il est stupide, pense-t-elle. Il trouve intéressante cette fille issue d'un milieu inférieur. Inge s'imagine que les hommes qui couchent avec elle vont l'épouser. Bien sûr que non. Jamais. Rien ne saurait être plus éloigné de la vérité », se dit Nico, tout en sachant qu'elle peut se tromper.

Ils vont prendre le café Chez Swann. Nico s'assied un peu à l'écart. Elle est fatiguée, déclare-t-elle. Elle se couche en chien de fusil sur l'un des canapés et s'endort. Elle est épuisée. La soirée est devenue très fraîche.

Une voix la réveille, de la musique, un chant merveilleux scandé d'accords de guitare. Nico l'entend dans son sommeil, se redresse. Malcolm et Inge bavardent. La chanson est comme une chose qu'elle aurait longtemps attendue, qu'elle aurait cherchée partout. Elle touche le bras de Malcolm.

– Écoute.

– Quoi ?
– Écoute, c'est Maria Pradera.
– Maria Pradera ?
– Les paroles sont superbes, déclare Nico.

Des phrases simples. Elle les reprend comme une litanie. De mystérieuses répétitions : une mère à la chevelure sombre… une enfant à la chevelure sombre. Éloquence des pauvres que le temps a rendue lisse et pure comme la pierre.

Malcolm écoute patiemment, mais il n'entend rien. Nico sent qu'il a changé ; pendant qu'elle dormait, on l'a empoisonné avec des histoires d'une Espagne hideuse qu'on lui a distillées goutte à goutte et qui maintenant coulent dans ses veines. D'une Espagne inventée par une femme qui sait qu'elle ne satisfera jamais qu'en partie les besoins d'un homme. Inge est calme. Elle croit en elle-même. Elle croit en son droit d'exister, de commander.

La route est sombre. Ils ont ouvert le toit ; le ciel est si plein d'étoiles que celles-ci semblent se déverser dans la voiture. À l'arrière, Nico a peur. Inge parle. Quand les voitures devant eux roulent trop lentement, elle tend le bras pour klaxonner. Cela fait rire Malcolm. À Barcelone, on peut louer des chambres particulières ; Inge y a passé bien des après-midi d'hiver devant un feu crépitant, avec son amant. Il y a des appartements dans lesquels ils ont fait l'amour, couchés sur des couvertures de fourrure. Bien entendu, il se montrait gentil, à l'époque. Elle se voyait déjà au Polo Club, invitée à des dîners dans les meilleures maisons de la ville.

Les rues de Barcelone sont presque désertes. Il est près de minuit, un dimanche. La journée au soleil les a fatigués, la mer les a épuisés. Ils roulent jusqu'à General Mitre et se disent au revoir par les vitres de la voiture. L'ascenseur monte très lentement. Ils sont enveloppés de silence. Ils regardent par terre tels des joueurs qui ont perdu.

Il fait noir dans l'appartement. Nico allume une lampe, puis disparaît. Malcolm se lave les mains, les sèche. Les pièces semblent très silencieuses. Les traversant lentement, il trouve Nico au seuil de la porte de la terrasse. Elle est à genoux, on dirait qu'elle a fait une chute.

Malcolm regarde la cage. Kalil est tombé par terre.

– Donne-lui un peu de cognac sur un coin de mouchoir, conseille-t-il.

Elle a ouvert la cage.

– Il est mort, annonce-t-elle.

– Laisse-moi voir.

L'oiseau est raide. Ses petites pattes sont crispées et sèches comme des brindilles. Il paraît plus léger. Le souffle a quitté ses plumes. Un cœur pas plus gros qu'un pépin d'orange a cessé de battre. Sur le seuil froid, la cage vide, béante. Il n'y a rien à dire. Malcolm ferme la porte.

Plus tard, au lit, il entend Nico sangloter. Il essaie de la consoler, mais il en est incapable. Elle lui tourne le dos et refuse de répondre.

Elle a de petits seins et de grands mamelons. Et aussi, comme elle le dit elle-même, un assez gros postérieur. Son père a trois secrétaires. Hambourg est près de la mer.

Vingt minutes

Ce qui suit est arrivé près de Carbondale à une femme appelée Jane Vare. Je l'ai rencontrée un soir à une fête. Elle était assise sur un canapé, les bras étendus, un verre à la main. Nous avons parlé chiens.

Elle avait un vieux lévrier. « Acheté pour lui sauver la vie », me dit-elle. Au champ de courses, ils les abattaient, parfois trois ou quatre à la fois, plutôt que de les nourrir quand ils ne gagnaient plus ; ensuite, ils jetaient les cadavres à l'arrière d'un camion et les emmenaient à la décharge. Ce chien-là s'appelait Phil. Il était perclus de rhumatismes et presque aveugle, mais elle admirait sa dignité. Parfois, il levait la patte contre le mur, presque à la hauteur de la poignée de porte, mais il avait une si belle tête…

Des pièces de harnais sur la table de la cuisine, de la boue sur les lattes du plancher. Comme un jeune palefrenier, elle entra à grands pas, vêtue d'une vieille veste et de bottes. Elle avait ce qu'on appelle une bonne assiette. Sur le mur, des brides se superposaient comme des plumes. Son père avait vécu en Irlande. Là-bas, le dimanche matin, ils pénétraient à cheval dans la salle à manger ; un jour, leur hôte mourut, il s'était effondré sur son lit en tenue de cavalier. Sa vie avait fini par ressembler à celle de son père. De l'argent et des bosses sur les ailes de sa voiture presque neuve. Son mari était parti depuis un an.

Aux alentours de Carbondale, la rivière descend brusquement, puis s'élargit. Il y a un pont sur chevalets, pareil à une araignée, qu'on ne cesse de repeindre. Autrefois, on extrayait du charbon dans la région.

C'était en fin d'après-midi, après une averse. Il y avait une étrange lumière argentée. Émergeant de la pluie, les voitures roulaient, tous phares allumés, les essuie-glaces en marche. Garés sur le bas-côté de la route, les bulldozers jaunes des terrassiers avaient un éclat surnaturel.

C'était l'heure qui suit l'arrêt du travail, quand l'eau d'arrosage brille haut dans le ciel, quand les collines commencent à s'obscurcir et les prés à ressembler à des mares.

Elle chevauchait, seule, sur le faîte de la colline. Fiume était un grand cheval bien proportionné, mais pas très intelligent. Il entendait mal et, parfois, trébuchait. Ils étaient allés jusqu'au réservoir, puis avaient fait demi-tour, se dirigeant vers le soleil couchant. Ah ! il savait courir, ce cheval ! Ses sabots martelaient le sol. Le vent gonflait la chemise de la cavalière, la selle grinçait, l'énorme encolure de la bête était noire de sueur. Ils longèrent le canal et parvinrent à une barrière qu'ils sautaient très souvent.

Au dernier moment, il se passa quelque chose. Cela ne prit qu'un instant. Fiume avait peut-être croisé les jambes ou marché dans un trou. Toujours est-il qu'il glissa. Elle vola par-dessus sa tête et, comme au ralenti, le cheval suivit. Il était à l'envers – couchée par terre, Jane le regarda flotter vers elle. Il lui atterrit sur le bassin.

Elle eut l'impression d'avoir été heurtée par une voiture. Elle était assommée, mais se sentait indemne. Pendant une minute, elle crut qu'elle allait pouvoir se relever et brosser ses vêtements.

Fiume s'était remis debout. Il avait de la boue sur les jambes et sur le dos. Dans le silence, elle entendit le cliquetis de la bride et même le bruit de l'eau qui coulait dans le canal. Tout autour d'elle, des prairies tranquilles. Elle fut prise de nausée. Elle avait tout le bas du corps cassé – elle en avait la certitude, bien qu'elle ne sentît rien. Elle savait qu'elle avait un peu de temps devant elle. Vingt minutes, dit-on.

Sa monture tirait sur des touffes d'herbe. Elle se dressa sur les coudes, aussitôt la tête lui tourna. « Foutu cheval ! » cria-t-elle. Elle pleurait presque. « Allez ! À la maison ! » Quelqu'un verrait peut-être la selle vide. Elle ferma les yeux et essaya de réfléchir. D'une certaine façon, elle ne parvenait pas à le croire – rien de ce qui était arrivé n'était vrai.

C'était comme ce matin où ils étaient venus lui annoncer que Privet avait été blessée. Le valet de ferme l'attendait dans le pré.

– Elle a la jambe cassée.

– Que s'est-il passé ?

Il n'en savait rien :

– On dirait qu'elle a reçu un coup de sabot.

La jument était couchée sous un arbre. Jane s'agenouilla et caressa son chanfrein dur et plat. Les grands yeux de la bête semblaient regarder ailleurs. Le vétérinaire viendrait de Catherine Store en soulevant un nuage de poussière, mais ce jour-là, il mit lontemps à arriver. Il se gara un peu plus loin et marcha vers eux. Ensuite, il dit ce qu'elle savait déjà : ils allaient devoir l'abattre.

Tandis qu'elle gisait là, elle pensait à Privet. Le soir tombait. Des lumières s'allumaient dans les maisons lointaines. On devait diffuser les nouvelles de six heures. Tout en bas, elle voyait la prairie de Piñones et, beaucoup plus près, à une centaine de mètres, une camionnette. Le véhicule appartenait à quelqu'un qui essayait de se construire une maison. Montée sur des blocs, elle ne roulait plus. Il y avait d'autres habitations à un kilomètre et demi environ. De l'autre côté du sommet de la colline, caché par des arbres, le toit métallique du vieux Vaughan. Autrefois, cet homme avait possédé toute cette terre ; maintenant, il était presque impotent. Un peu plus à l'ouest se dressait la belle demeure en adobe ocre que Bill Millinger s'était bâtie avant d'être ruiné ou quelque chose de ce genre. Bill avait beaucoup de goût. Plafonds en poutres apparentes comme dans le Sud-Ouest, tapis navajos et cheminées dans toutes les pièces. Les fenêtres en verre teinté offraient un vaste panorama des montagnes. Quiconque en savait assez pour construire une maison pareille savait tout.

Elle avait donné pour lui ce fameux dîner, une nuit inoubliable. Des nuages étaient passés toute la journée au-dessus du Sopris, puis il avait neigé. Ils avaient bavardé devant le feu. Le dessus de cheminée était encombré de bouteilles. Tout le monde s'était mis sur son trente et un. La neige tombait à gros flocons. Jane portait un pantalon de soie et ses cheveux flottaient sur ses épaules. À la fin de la soirée, elle se tenait près de Bill, à l'entrée de la cuisine. Elle se sentait pleine d'une douce chaleur et un peu ivre ; l'était-il, lui ?

Il regardait les doigts qu'elle avait posés sur le revers de sa veste. Le cœur de Jane battait très fort.

– Tu ne vas quand même pas me laisser passer la nuit toute seule, dit-elle.

Il était blond et avait de petites oreilles collées contre sa tête.

– Oh..., fit-il.

– Quoi ?

– Tu ne sais pas ? Je suis un peu spécial.

– Spécial comment ? insista-t-elle.

Quel gaspillage ! Les routes étaient presque impraticables, les maisons perdues dans la neige. Elle se mit à le supplier – c'était plus fort qu'elle – puis elle se fâcha. Le pantalon en soie, les meubles, tout lui fit soudain horreur.

Au matin, la voiture de Bill était toujours là. Elle

trouva son invité dans la cuisine, en train de préparer le petit déjeuner. Il avait dormi sur le canapé, peigné ses cheveux plutôt longs avec ses doigts. Un début de barbe blonde couvrait ses joues.

– Tu as bien dormi, chérie ?

Parfois, c'était l'inverse qui arrivait. Comme dans ce bar, à Saratoga, où un grand Anglais, qui avait fait fortune dans la vente de chevaux, tenait la vedette. Il l'avait interrogée : vivait-elle ici ? Quand vous étiez près de lui, ses yeux semblaient larmoyants, mais il avait cette voix anglaise si pure.

– C'est fantastique d'arriver dans un endroit et d'y rencontrer quelqu'un comme vous, dit-il.

Elle n'avait pas encore vraiment décidé si elle allait rester ou partir. Elle but un verre avec lui. Il fuma une cigarette.

– Vous n'êtes pas au courant pour ces choses ? demanda-t-elle.

– Non, quelles choses ?

– Les cigarettes. Elles Te donnent le cancer.

– Quelle drôle de façon de parler.

– C'est celle des Quakers.

– Vous êtes Quaker ?

– Non, mais mes ancêtres l'étaient.

Il la tenait par le coude.

– Savez-vous ce que j'aimerais faire ? J'aimerais Te baiser.

Elle plia son bras pour se dégager.

– Je suis sérieux, insista-t-il. Ce soir.

– Une autre fois.

– Impossible. Ma femme arrive demain. Je n'ai que cette nuit.

– C'est bien dommage. Moi, j'ai toutes les nuits.

Bien qu'elle ne se souvînt plus de son nom, elle ne l'avait pas oublié. Il portait une élégante chemise à rayures bleues.

– Espèce de salaud ! cria-t-elle soudain.

Elle s'adressait au cheval. Celui-ci n'était pas parti. Il se tenait toujours près de la barrière. Elle se mit à l'appeler.

– Ici, mon gros. Viens ici ! supplia-t-elle.

L'animal ne bougea pas.

Elle ne savait que faire. Cinq minutes avaient passé, peut-être plus. Ô mon Dieu, pria-t-elle, ô Seigneur, ô Dieu notre Père ! Elle voyait le long segment de chemin non goudronné, très pâle, qui montait de l'autoroute. Quelqu'un le prendrait sans tourner. Le chemin fatal. Elle l'avait emprunté ce jour-là, avec son mari. Il avait quelque chose à lui dire, avait déclaré Henry, la tête penchée avec un angle bizarre. Il allait changer de vie. Le cœur de Jane avait bondi. Il rompait avec Mara, annonça-t-il.

Il y eut un silence. Elle finit par demander :

– Avec qui ?

Il comprit sa gaffe.

– La fille qui… le bureau de l'architecte. La dessinatrice.

– Que veux-tu dire par « rompre avec elle » ?

Elle avait du mal à parler. Elle le regardait comme elle aurait pu regarder un réprouvé.

– Tu étais au courant, non ? J'étais persuadé que tu l'étais. De toute façon, c'est fini. Je tenais à te le dire. Je voulais que tout cela soit derrière nous.

– Arrête-toi, ordonna-t-elle. Ne dis pas un mot de plus, arrête-toi.

Il roula à côté d'elle, essayant d'expliquer, mais elle ramassa les plus grosses pierres qu'elle put trouver et les jeta sur l'auto. Puis, d'un pas mal assuré, elle coupa à travers champs ; l'armoise lui égratignait les jambes.

Quand elle l'entendit arriver en voiture après minuit, elle sauta du lit et cria par la fenêtre : « Non, non ! Va-t'en ! »

Ce qui me dépasse, c'est que personne ne m'en ait jamais parlé, répétait-elle. Et on appelle ça des amis.

Certains d'entre eux devinrent des ratés, d'autres divorcèrent, d'autres furent assassinés dans leur caravane comme Doug Portis qui avait une entreprise de terrassement et couchait avec la femme du policier. D'autres encore, comme son mari, s'installèrent à Santa Barbara où ils servaient de bouche-trous quand il manquait un invité masculin à dîner.

La nuit tombait. « Aidez-moi, qui que vous soyez, aidez-moi », suppliait-elle. Quelqu'un viendrait, c'était sûr. Elle essaya de ne pas paniquer. Elle pensa à son père qui pouvait expliquer l'existence en une seule phrase : « Si on t'envoie au tapis, tu te relèves. C'est tout. » Il ne reconnaissait qu'une seule vertu. Il apprendrait ce qui s'était passé, qu'elle s'était contentée de rester couchée là. Elle devait essayer de rentrer chez elle, même si elle ne faisait qu'un tout petit bout de chemin, ne fût-ce que quelques mètres.

S'appuyant sur les mains, elle réussit à se traîner sur une certaine distance sans cesser d'appeler son cheval. S'il approchait, elle pourrait peut-être saisir un étrier. Elle essaya de le trouver. À la dernière lueur du jour, elle aperçut le bois de fromagers pâlissant, mais tout le reste avait disparu. Les pieux de la barrière s'étaient évanouis, les prairies, estompées.

Elle tenta de jouer à un jeu. Elle ne gisait pas à côté du fossé, elle était ailleurs, dans toutes sortes d'endroits, dans la 11e rue, dans ce premier appartement au-dessus de la grande lucarne du restaurant, à Sausalito, ce matin où la femme de chambre frappait à la porte et où Henry essayait de lui crier en espagnol : « Pas maintenant ! pas maintenant ! » Des cartes postales sur le marbre de la coiffeuse et tous les souvenirs qu'ils avaient achetés. Devant l'hôtel, à Haïti, où les chauffeurs de taxi, appuyés contre leur voiture, appelaient d'une voix douce : « Hé, Blanc, tu veux aller sur une belle plage ? Tu veux aller à Ibo ? » Ils demandaient trente dollars pour la journée, ce qui voulait dire que le prix réel était cinq dollars. « Donne-lui donc ce qu'il demande », avait-elle plaidé. Il lui était si facile d'être là-bas ou dans son lit, par une journée d'orage, avec la pluie qui battait contre la vitre et les chiens couchés à ses pieds. Sur le bureau, il y avait des photos : des chevaux, elle en train de sauter une haie et une photo de son père à trente ans prise lors d'un pique-nique à Burning Tree. Un jour, elle lui avait téléphoné pour lui annoncer qu'elle allait se marier. « Te marier, fit-il, avec qui ? – Un type nommé Henry Vare », un type très bien habillé, avec de belles et grandes mains, aurait-elle aimé ajouter.

– Demain, précisa-t-elle.

– Demain ? La voix de son père parut soudain s'éloigner. Tu as bien réfléchi ?

– Oui.

– Que Dieu te bénisse, alors.

Cet été-là, ils s'installèrent – Henry avait toujours vécu dans cette région – et achetèrent la maison à côté des Macraes. Ils passèrent l'année à arranger leur nouvelle demeure, et Henry commença à travailler comme paysagiste. Ils vivaient dans un monde à eux. Ils marchaient à travers champs, vêtus d'un simple short, la terre chaude sous leurs pieds, la peau tachée de boue parce qu'ils avaient nagé dans le canal d'irrigation où l'eau était froide et profonde. Ils étaient pareils à deux enfants décolorés par le soleil, et encore beaucoup mieux que cela. La porte-moustiquaire qui claque, des objets sur la table de la cuisine : catalogues, couteaux, le tout flambant neuf. L'automne avec son ciel d'un bleu éclatant et les premières tempêtes venues de l'ouest.

Maintenant, il faisait nuit partout, sauf près du sommet de la colline. Il y avait tant de choses qu'elle avait eu l'intention de faire, un autre voyage à l'Est, rendre visite à des amis, passer un an au bord de la mer. Elle ne pouvait croire que c'était fini, qu'elle allait rester ici, par terre.

Soudain, elle se mit à crier au secours avec frénésie, faisant saillir les veines de son cou. Le cheval leva la tête dans l'obscurité. Elle continua à crier. Elle savait déjà qu'elle le paierait ; elle s'égarait. Enfin, elle se tut. Elle entendait les battements de son cœur et, au-delà, cette autre chose. « Ô mon Dieu », supplia-t-elle. Allongée là, elle perçut les premiers roulements de tambour, terriblement lents et solennels.

« Quoi que ce soit, si pénible que ça soit, je vais agir comme le ferait mon père », pensa-t-elle. En toute hâte, elle essaya de l'imaginer dans cette situation ; alors, quelque chose la traversa, pareil à du fer. L'espace d'un instant incroyable, elle comprit le pouvoir de ce qui l'attendait, où cela la mènerait, ce que cela signifiait.

Elle avait le visage mouillé, elle tremblait. C'était là. « Maintenant, tu dois le faire », se dit-elle. Elle savait qu'il y avait un Dieu, du moins elle l'espérait. Elle ferma les yeux. Quand elle les rouvrit, cela avait commencé. D'une façon si rapide, si totalement imprévue ! Elle vit une ombre noire longer la clôture. C'était son poney, celui que son père lui avait donné il y avait très longtemps, son poney noir, il rentrait à la maison à travers les vastes champs, les prés. « Attends ! Attends-moi ! »

Elle se mit à hurler.

Des lumières montaient et descendaient brusquement le long du canal. Un pick-up roulait sur le sol inégal : celui de l'homme qui construisait à ses heures la maison isolée, accompagné d'une lycéenne nommée Fern qui travaillait au golf. Ils avaient remonté les vitres ; en tournant, leurs phares passèrent tout près de l'endroit où était le cheval, mais ils ne le virent pas. Ce n'est que plus tard, quand ils revinrent en silence, qu'ils remarquèrent la grande et belle tête muette qui les regardait dans l'obscurité.

– Oh ! il est sellé ! s'étonna Fern.

Le cheval se tenait là, très calme. C'est ainsi qu'ils la trouvèrent. Ils la mirent à l'arrière du véhicule – elle était toute molle, de la terre emplissait ses oreilles – puis ils foncèrent à cent trente à l'heure vers Glenwood, sans même s'arrêter pour annoncer leur venue.

Ce n'est pas ce qu'ils auraient dû faire, dit quelqu'un plus tard. Le mieux aurait été d'aller dans la direction opposée, chez Bob Lamb, qui habitait à cinq kilomètres de là. C'était le vétérinaire, mais il aurait pu la soigner. Quoi que vous en disiez, c'était le meilleur médecin du coin.

Ils seraient arrivés, leurs phares s'épanouissant sur la ferme blanche, comme cela se produisait de si nombreuses nuits. Tout le monde connaissait Bob Lamb. Des centaines de chiens, y compris certains des siens, étaient enterrés derrière sa grange.

American Express

Difficile à présent de penser à tous ces bars et à toutes ces nuits, au Nicola's qui ressemblait à un compartiment de chemin de fer, profond et étincelant, à la foule du Un, Deux, Trois, au Billy's. Visages inconnus qui brillaient, serrés les uns contre les autres au comptoir. Paires d'yeux sombres, ardents, qui vous fixaient un moment, puis disparaissaient.

À l'époque, ils vivaient dans des appartements curieusement meublés ; le dimanche, ils dormaient jusqu'à midi. Dans l'armée du barreau, ils occupaient le dernier rang. Au-dessus d'eux, il y avait des adjoints futés, des associés, des gens élégants qui déjeunaient au Four Seasons. Le père de Frank s'y rendait trois ou quatre fois par semaine, quand il n'allait pas au Century Club ou à l'Union que fréquentaient des hommes encore plus âgés que lui. « La moitié des membres ne peuvent uriner, les autres doivent le faire tout le temps », disait-il.

Alan, lui, était de Cleveland où son père était très connu, sinon détesté. Aucun client n'était trop coupable, aucune affaire trop claire. Un jour, dans une autre partie de l'État, il avait défendu un assassin, un Noir. Il savait ce que pensaient les jurés, il savait comment ils le voyaient. Il se leva lentement. Peut-être avaient-ils entendu certaines rumeurs, commença-t-il. Comme, par exemple, qu'il était un avocat de première catégorie venu de la ville. Qu'il portait des costumes à trois cents dollars, conduisait une Cadillac et fumait de coûteux cigares. Il faisait les cent pas, la tête baissée, comme s'il cherchait quelque chose par terre. Ils avaient peut-être entendu dire qu'il était juif.

Il s'arrêta et leva les yeux. Eh bien, oui, il venait de la ville, dit-il. Il portait des costumes à trois cents dollars, conduisait une Cadillac, fumait de gros cigares. Et il était juif. « Maintenant que nous avons éclairci tout ça, parlons de l'affaire qui nous occupe. »

Avocats et fils d'avocats. L'époque de leur jeunesse. Le matin, dans l'obscurité confinée, le grincement du métro.

– Tu as remarqué la nouvelle réceptionniste ?

– Qu'est-ce qu'elle a de particulier ? demanda Frank.

Le vacarme autour d'eux équivalait à celui du lancement d'une fusée.

– C'est une baiseuse, murmura Alan.

– Comment le sais-tu ?

– Je le sais, c'est tout.

– Que veux-tu dire par là ?

– C'est une question d'intuition.

– D'in-tui-tion ? fit Frank.

– Pourquoi pas ?

– L'intuition, ça ne compte pas.

C'était cela qui les rendait inséparables : les longues heures de travail, un certain ton, des rêves. Ils n'approchèrent jamais la réceptionniste, une myope à l'abondante chevelure ébouriffée. En revanche, ils connurent plusieurs autres filles. Il y eut Julie, il y eut Catherine, il y eut Ames. La mieux, pendant près de deux ans, ce fut Brenda. Elle avait finalement réussi à obtenir son diplôme de Marymount et avait un appartement composé de pièces en enfilade dans la 4e Ouest. Dans un mince cadre en argent lisse, on voyait une photo de son père avec ses deux filles prise au Plaza ; Brenda à treize ans avec un curieux petit sourire.

– J'aurais bien voulu te connaître à cette époque, dit Frank.

– Ça ne m'étonne pas de toi ! ironisa Brenda.

C'était sa voix qu'il aimait, une voix de la ville, chaude et dédaigneuse. Alan et lui faisaient la paire, disait-elle, et, dans un sens, c'était vrai. Ils buvaient dans ses bars préférés où le patron jouait du piano et où tout le monde semblait la connaître. N'empêche qu'elle comptait sur lui. La ville a ses moments incomparables – ils roulaient le long du mur de l'appartement, s'embrassant, rebondissant comme des pierres. Cinq heures de l'après-midi, le jour baissait.

– Non, protesta-t-elle. Non, non et non.

Il embrassait sa gorge.

– Que vas-tu faire de ton splendide goitre ?

– Tu ne m'emmènes pas dîner ? dit-elle.

– Bien sûr que si.

– Mon superbe quoi ?

Pareille à un énorme chien, elle s'échappait de ses bras.

– Viens ici, supplia-t-il d'une voix câline.

Elle partit à la salle de bains et commença à se coiffer.

– À quel restaurant allons-nous ? cria-t-elle.

Il lui arrivait de se donner, mais la plupart du temps, c'était imprévisible. Elle faisait tout ce que sa mère n'avait pas fait, mais vivrait exactement comme elle, dans la même sorte d'appartement, avec les mêmes fauteuils mous. Noël et les étrennes pour le portier, la neige qui tombe devant la marquise, les enfants qui rentrent de l'école. Elle adorait son père. Un jour, elle partit avec lui à Hawaii et envoya des cartes postales, deux ou trois lignes caustiques d'une grande écriture brouillonne.

C'était l'été.

– Il y a quelqu'un ? cria Frank.

Il frappa à la porte entrouverte. Comme il faisait chaud, il portait sa veste sur le bras.

– Bien, dit-il d'une voix forte, sortez tous de vos cachettes, les mains sur la tête. Alan, couvre-moi à l'arrière.

On aurait dit que la fête était finie. Il ouvrit la porte de la salle de séjour. Il n'y avait qu'une seule lampe allumée, la pièce était obscure.

– Eh, Bren, est-ce qu'on arrive trop tard ? cria-t-il.

Elle apparut mystérieusement sur le seuil, les

jambes nues, mais chaussée d'escarpins à talons hauts.

– Nous voulions venir plus tôt, mais nous avons travaillé jusqu'à maintenant. Pas moyen de quitter le bureau. Où est passé tout le monde ? Où est le dîner ? Alan, j'ai l'impression que nous sommes en retard. Il n'y a plus de bouffe, plus rien.

Brenda s'adossa au chambranle.

– Et ensuite, impossible de trouver un taxi, ajouta Alan.

Frank s'était affalé sur le canapé.

– Ne sois pas fâchée, Bren, dit-il. On a bossé, je t'assure. J'aurais dû t'appeler. Tu ne pourrais pas mettre un peu de musique ? Y a-t-il quelque chose à boire ?

– Il reste environ ça de vodka, finit-elle par répondre.

– Des glaçons ?

– Deux ou trois.

Elle se détacha du mur sans trop d'enthousiasme. Il la regarda entrer dans la cuisine, l'entendit ouvrir le frigidaire.

– Qu'est-ce que tu en penses, Alan, demanda-t-il. Qu'est-ce que tu vas faire ?

– Moi ?

– Où est Louise ? cria Frank.

– En train de dormir dans son lit, répondit Brenda.

– Elle est vraiment rentrée chez elle ?

– Elle bosse, demain matin.

– Alan aussi, je te signale.

Brenda sortit de la cuisine avec les boissons.

– Vraiment désolé pour notre retard, dit Frank en regardant au fond de son verre. La fête était bien ? Il remua son cocktail avec l'index. Tu appelles ça des glaçons ?

– Jane Harrah a été licenciée, annonça Brenda.

– La pauvre ! Qui est-ce ?

– Elle s'occupe des grandes campagnes. Ross veut que je la remplace.

– Formidable !

– Je ne sais pas si je vais accepter, dit-elle d'un ton languide.

– Pourquoi pas ?

– Elle couchait avec lui.

– Et elle a été foutue à la porte ?

– Cela en dit long sur Ross, n'est-ce pas ?

– Cela en dit long sur ta copine.

– Ta réaction est typiquement masculine. C'est pas croyable !

– Comment est-elle, cette fille ? Elle ressemble à Louise ?

Le sourire de la fillette de treize ans passa sur le visage de Brenda.

– Personne ne ressemble à Louise, rétorqua-t-elle en détachant ce prénom dont les jambes faisaient rêver Alan. Jane a des lèvres minces.

– C'est tout ?

– Les femmes aux lèvres minces sont toujours froides.

– Montre-moi les tiennes, dit Frank.

– Fiche-moi la paix !

– Tes lèvres ne sont pas minces. Tu es d'accord, non, Alan ? Ne les cache pas, Brenda !

– Où étiez-vous ? J'ai du mal à croire que vous ayez travaillé jusqu'à maintenant.

Frank avait écarté la main de Brenda.

– Allez, détends ta bouche, dit-il. Tes lèvres ne sont pas minces, elles sont très jolies. Simplement, je ne les avais encore jamais remarquées. Il se renversa contre le dossier du canapé. Ça va, Alan ? Tu t'endors ?

– Je réfléchissais. À la façon dont la ville a changé.

– En cinq ans ?

– Cela fait près de six ans que je suis ici.

– Bien sûr qu'elle change. Les autres descendent, nous, on monte.

Alan pensait à Louise. Elle avait disparu, ne lui laissant que la perspective d'un interminable et cahotant retour chez lui en taxi.

– Je sais, dit-il.

Cette année-là, ils allaient au bain turc où, assis sur des serviettes molles, ils respiraient les effluves d'eucalyptus en discutant de Hardmann Roe. Ils se rendaient aux douches fiers comme des champions. Leur chair était encore ferme. Ils avaient des hanches jeunes et solides.

Hardmann Roe était une petite société de produits pharmaceutiques du Connecticut. En se diversifiant, elle s'était retrouvée engagée dans un procès contre un gros fabricant suspect de s'être approprié quelque obscur brevet. L'affaire était extrêmement technique et avait peu de chance d'aboutir. Les avocats de la défense avaient dressé toute une barricade de requêtes et de renvois ; le dossier était graduellement descendu jusqu'à Frik et Frak dont les bureaux se trouvaient à côté des photocopieuses. Ils avaient du temps à consacrer à ce genre de problèmes, et ils y songeaient, au milieu des jets de vapeur. À part eux, personne ne voulait de ce cas, ce qui faisait également partie de son attrait.

Ils trimaient donc comme des bêtes. Redevenus étudiants, ils s'asseyaient en chemises de polo, les pieds sur le bureau, lançaient des idées impossibles, roulaient des feuilles de papier en boule et restaient si tard à la bibliothèque que les caractères des livres se brouillaient devant leurs yeux.

Ils passaient les jours fériés et les week-ends au bureau ; ils dormaient parfois sur place et faisaient du café bien avant l'arrivée des plus matinaux. Ils continuaient à discuter de leur affaire après des dîners tardifs, à parler de sa complexité, des éléments pertinents dont ils disposaient – lettres, articles de journaux, réunions, non-dits. Brenda rencontra un beau Hollandais qui travaillait dans une banque. Alan fit la connaissance de Hopie. Cela ne changea rien à cette forêt infinie où les troncs et les plantes grimpantes bloquaient la lumière et où les racines d'arbres distants les uns des autres se rejoignaient. De mois en mois, ils s'y enfonçaient davantage, moins certains du chemin parcouru ou de la possibilité d'une issue. À la fin, on aurait dit de vieux associés qui vivaient à l'écart de tout : moins de coups de téléphone, moins de consultations, des existences réduites à des déjeuners. Tout le monde savait qu'ils s'étaient noyés dans cette affaire, qu'ils ne connaissaient plus qu'elle, ou presque. L'inverse était vrai : à part eux, personne n'en comprenait les détails. Trois ans avaient passé. Pareil laps de temps rendait à lui seul la cause importante. La réputation de leur cabinet, du moins d'un point de vue ironique, reposait sur eux.

Deux mois avant la date prévue pour le procès, ils quittèrent Weyland, Braun. Frank s'assit à la table familiale en bois ciré pour le déjeuner dominical. Son père était l'un des meilleurs avocats de la ville. Il était de ceux auxquels on peut faire confiance, et dont on finit par devenir l'ami.

– Que s'est-il passé ? demanda-t-il.

– Nous créons notre propre boîte, annonça Frank.

– Et qu'en est-il de l'affaire sur laquelle vous avez travaillé ? Vous ne pouvez pas abandonner ces gens avec une assignation que vous avez mis des années à préparer.

– C'est exact. Nous l'emmenons avec nous, dit Frank.

Il y eut un terrible moment de silence.

– Vous l'emmenez ? C'est impossible. Tu as fait d'excellentes études de droit. Tu sais que vous allez être poursuivis. Vous allez vous foutre en l'air.

– Nous y avons pensé.

– Tu ferais bien de m'écouter, insista son père.

Tout le monde dit la même chose, sa mère, son oncle Cook, des amis. C'était pire que la ruine, c'était le déshonneur, déclara son père.

Pour finir, l'affaire Hardmann Roe ne passa jamais au tribunal. Six semaines plus tard, il y eut un arrangement à l'amiable : trente-huit millions, dont un tiers représentait leurs honoraires.

Son père s'était trompé. C'était presque trop beau pour être vrai. Leur ancien cabinet ne les poursuivit pas en justice non plus. Là aussi, il y eut un arrangement. Loin d'être ruinés, ils acquirent un nouveau bureau donnant sur Bryant Park ; d'en haut, celui-ci ressemblait à un jardin aménagé derrière un sombre château ; ils eurent de jeunes clients, des billets pour l'opéra, des dîners chez des divorcées, des appartements mis en adjudication avec beaucoup de livres et de grandes cuisines carrelées.

Comme Frank l'avait dit, la ville était divisée entre ceux qui montaient et ceux qui descendaient, ceux qui fréquentaient les restaurants à la mode et ceux qui restaient dans la rue, ceux qui attendaient et ceux qui n'attendaient pas, ceux qui avaient trois verrous sur leur porte et ceux qui prenaient l'ascenseur dans un vestibule orné de miroirs argentés et de boiseries en noyer.

Enfin, il y avait ceux qui, comme Mrs. Christie, se trouvaient dans une position intermédiaire. Cette femme voulait renégocier les termes de son divorce. Frank avait feuilleté le dossier.

– Qu'en pensez-vous ? demanda-t-elle franchement.

– Je pense que le plus facile serait de vous remarier.

Elle portait un manteau de fourrure dont elle

exhibait la doublure sombre. Elle émit un petit pft ! sceptique.

– Pas si facile que ça, répliqua-t-elle.

Il n'avait pas la moindre idée de ce que cela impliquait, dit-elle. Récemment, elle avait été présentée à quelqu'un par un couple ami.

– Nous irons dîner chez lui, avaient-ils dit. Il te plaira, tu verras. Toi, tu es faite pour lui. Il adore parler de livres.

Quand ils arrivèrent à l'appartement, les deux femmes se rendirent aussitôt à la cuisine et commencèrent à préparer le repas. Comment le trouvait-elle ? Elle l'avait à peine vu, répondit-elle, mais il lui était très sympathique. Elle aimait sa belle tête chauve, sa robe de chambre. Elle s'était déjà mise à réfléchir aux changements qu'elle ferait dans l'appartement à la dominante bleue trop prononcée. Leur hôte – il s'appelait Warren – n'ouvrit pas la bouche de la soirée. Il avait perdu son travail, lui expliquèrent ses amis à la cuisine. Il avait de l'argent, mais il était déprimé.

– Ça l'a traumatisé, déclara l'amie, mais tu lui plais.

En fait, il avait demandé s'il pouvait la revoir.

– Venez donc prendre le thé demain.

– C'est faisable, répondit-elle. Je serai justement dans votre quartier.

Le lendemain, elle arriva à quatre heures avec un sac bourré de livres. Il y en avait au moins pour cent dollars. C'était un cadeau. Il était en pyjama. Il n'y avait pas de thé. Il semblait à peine savoir qui elle était et pourquoi elle était là. Elle venait de se rappeler qu'elle avait un rendez-vous, prétendit-elle ; là-dessus elle partit précipitamment en laissant les livres. En redescendant, dans l'ascenseur, elle eut brusquement la nausée.

– Eh bien, peut-être réussirons-nous à modifier les dispositions, Mrs. Christie, mais cela vous coûtera très cher, dit Frank.

– Je vois, fit-elle d'une petite voix. Ne pourriez-vous pas vous occuper de mon affaire sur la base d'un pourcentage ?

– Pas dans ce cas, trancha Frank.

Le jour finissait. Il lui offrit à boire. Songeuse, elle remua les lèvres, les serrant l'une contre l'autre.

– Que puis-je faire alors ?

Elle avait connu énormément de déceptions, lui confia-t-elle en regardant au fond de son verre, la plupart dues au fait qu'elle avait eu tendance à tomber stupidement amoureuse. Ainsi était-elle sortie avec un homme âgé pour la simple raison qu'il portait un costume blanc. Cela s'était passé à Nashville, sa ville natale. Et elle avait consenti à épouser George Christie alors qu'ils naviguaient au large des côtes du Maine.

– Je ne sais ni où ni comment trouver cet argent, dit-elle.

Levant les yeux, elle surprit Frank en train de la détailler longuement. Les lumières s'allumaient dans les immeubles qui entouraient le parc, dans les rues, dans les voitures qui prenaient le chemin du retour. Ils continuèrent à parler pendant que la nuit tombait. Puis ils sortirent dîner.

À Noël, cette année-là, Alan se sépara de sa femme.

– C'est pas vrai ! s'écria Frank.

Il venait de s'installer dans un nouvel appartement avec d'épaisses serviettes de toilette et de beaux tapis. Dans l'entrée se dressait un bureau Biedermeier noir, ocre et or. De l'autre côté de la rue, il y avait une école privée.

Alan regardait fixement par la fenêtre, aussi froide que le flanc d'un bateau.

– Je ne sais pas quoi faire, dit-il, désespéré. Je ne veux pas divorcer. Je ne veux pas perdre ma fille.

Celle-ci s'appelait Camille. Elle avait deux ans.

– Je comprends ce que tu peux ressentir, dit Frank.

– Tu le comprendrais si tu avais un gosse.

– Tu as vu ça ? demanda Frank. Il montra une revue d'anciens étudiants. C'était le quinzième anniversaire de la réception de leurs diplômes. Tu te souviens de ces types ?

Cinq anciens élèves de leur promotion étaient mentionnés pour avoir réussi. Alan en reconnut deux ou trois.

– Cummings, murmura-t-il. Un gars complètement nul… et il a été élu au Congrès ! Oh ! mon Dieu, je ne sais pas quoi faire !

– En tout cas, ne lui laisse pas l'appartement, dit Frank.

Bien entendu, ce n'était pas si facile. C'était facile quand il s'agissait d'un autre. Nan Christie avait décidé de se marier. Un soir, elle aborda le sujet.

– Je trouve que c'est une mauvaise idée, finit par dire Frank.

– Mais tu m'aimes, n'est-ce pas ?

– Le moment est mal choisi pour me poser cette question.

Ils restèrent allongés en silence. Elle regardait fixement un point situé de l'autre côté de la chambre. Cela le rendait nerveux.

– Ça ne marcherait pas, dit-il. Il s'agit de l'attirance des contraires.

– Nous ne sommes pas si différents que ça.

– Je ne parle pas seulement de toi et de moi. Les femmes tombent amoureuses quand elles commencent à vous connaître. Pour les hommes, c'est exactement l'inverse : quand ils finissent par vous connaître, ils sont prêts à vous quitter.

Elle se leva sans dire un mot et rassembla ses vêtements. Il la regarda s'habiller en silence. Cela ne présentait aucun intérêt. L'ironie du sort, c'était qu'il avait eu l'intention de maintenir cette relation.

– Je vais t'appeler un taxi, proposa-t-il.

– Je te croyais intelligent, dit-elle presque comme à elle-même.

Épuisé, il cherchait un numéro de téléphone.

– Je ne veux pas de taxi. Je préfère marcher.

– Tu traverseras le parc ?

– Oui.

Pendant un instant, elle se vit dans les journaux du lendemain. Elle s'arrêta à la porte.

– Au revoir, dit-elle d'un ton froid.

Elle lui envoya une lettre qu'il lut plusieurs fois.

De toutes les liaisons que j'ai eues, aucune ne m'a touchée comme la nôtre. De tous les hommes que j'ai connus, aucun ne m'a apporté davantage.

Il la montra à Alan ; celui-ci ne fit aucun commentaire.

– Allons boire un verre, suggéra Frank.

Ils remontèrent Lexington. Frank avait l'air tout à fait insouciant avec son écharpe autour du cou, son pardessus ouvert, son crâne qui commençait à se dégarnir.

– Eh bien, voilà..., réussit-il à dire.

Ils entrèrent dans un établissement appelé Jack's. La lumière faisait briller les boiseries sombres et les rangées de verres posés sur d'étroites étagères. Le jeune barman appuyait ses mains sur le bord du comptoir.

– Comment allez-vous ? demanda-t-il en souriant. Ça fait plaisir de vous revoir.

– Vous me connaissez ? répliqua Frank.

– J'ai l'impression de vous avoir déjà vu, répondit le barman, toujours aimable.

– Ah oui ? Comment s'appelle cet endroit ? Il faut que je me souvienne de ne jamais y remettre les pieds.

Il y avait plusieurs clients au comptoir. Le plus proche d'eux détourna prudemment son regard. Au bout d'un moment, le directeur s'approcha. Il avait émergé d'une arrière-salle séparée du bar par un rideau marron.

– Quelque chose ne va pas, monsieur ? demanda-t-il d'un ton poli.

Frank le dévisagea.

– Non, tout baigne.

– Nous avons eu une rude journée, expliqua Alan. Nous sommes juste en train de nous détendre un peu.

– Il y a une salle de restaurant au premier, les informa le directeur.

Derrière lui, on voyait un escalier de fer forgé en spirale bordé de dessins encadrés représentant des chiens – des barzoïs, probablement.

– Nous servons de 18 à 23 heures tous les soirs.

– Tu parles ! fit Frank. Écoutez, votre barman ne me connaît pas.

– Il s'est trompé, dit le directeur.

– Il ne me connaît pas et il ne me connaîtra jamais.

– Ce n'est rien, ce n'est rien, intervint Alan en agitant les mains.

Ils s'assirent à une table près de la fenêtre.

– Je déteste ces acteurs au chômage qui s'imaginent être copains avec tout le monde, commenta Frank.

Pendant le dîner, ils parlèrent de Nan Christie. Alan pensa à ses robes de soie, à son attachement à Frank. Le problème, dit-il au bout d'un moment, c'était que, lui, il ne semblait jamais rencontrer ce genre de femme, le genre qui passait devant Jack's. Celles dont il faisait la connaissance étaient trop humaines, se plaignit-il. Depuis qu'il s'était séparé de son épouse, il avait essayé de trouver une fille qui lui conviendrait.

– Ça ne devrait pas être trop difficile, dit Frank. Elles cherchent toutes un type comme toi.

– Je dirais plutôt : un type comme *toi*.

– C'est ce qu'elles croient.

Frank régla l'addition sans même la regarder.

– Quand on s'est marié une fois, expliqua Alan, on a envie de recommencer.

– Moi je ne fais pas assez confiance aux femmes pour les épouser.

– Que veux-tu alors ?

– La situation présente me convient parfaitement, affirma Frank.

Quelque chose ne tournait pas rond chez lui. Les femmes s'étaient toujours donné beaucoup de mal pour trouver ce que c'était. Et elles continueraient à le faire. Peut-être les choses étaient-elles plus simples, songea Alan. Peut-être Frank était-il tout à fait normal.

La grosse Renault ralentit et quitta l'*autostrada*. Brenda dormait à l'arrière, la bouche légèrement entrouverte, ses pommettes luisant à la lumière. C'était près de Côme. Ils venaient de franchir la frontière. Les policiers s'étaient penchés pour regarder la passagère.

– Réveille-toi, Bren, on s'arrête pour prendre un café.

Elle ressortit des toilettes recoiffée et remaquillée. Le garçon en veste blanche qui se tenait derrière le comptoir était en train de rincer des cuillères.

– Hé, Bren, j'ai oublié. On dit *espresso* ou *expresso* ? demanda Frank.

– *Espresso*.

– Comment le sais-tu ?

– Je suis de New York.

– En effet, se souvint-il. Les Italiens n'ont pas de *x*, n'est-ce pas ?

– Et pas de *j* non plus, ajouta Alan.

– Comment expliques-tu ça ?

– Ils sont tellement désordonnés qu'ils les ont perdus, dit Brenda.

On se serait cru revenu au bon vieux temps. Elle avait divorcé d'avec Doop ou Boos ou Machin. Ses deux petites filles étaient avec sa mère. Elle avait son sourire en coin.

À Paris, Frank les emmena au Crazy Horse. La musique monta des ténèbres veloutées, puis six filles levèrent la jambe à l'unisson dans une lumière éclatante. Elles portaient des chaussures à talons hauts et un léger harnachement. Leur nudité était de celles qui sont immortelles. Frank s'appuyait sur un coude dans l'obscurité. Il jeta un coup d'œil à Brenda.

– Toujours dans tes études, hein ? plaisanta-t-elle.

Ils étaient en Europe pour trois semaines. Frank n'en était pas certain ; ils resteraient peut-être plus longtemps, loueraient une maison dans le Midi de la France ou un truc comme ça. Leurs clients devraient se débrouiller sans eux. « Il arrive un moment où il faut prendre du champ », déclara-t-il. Dans les hôtels, ils prenaient leur petit déjeuner tandis qu'au-dehors des ouvriers frappaient la fontaine de pierre à coups de marteau. Ils écoutaient une femme en colère crier dans la cuisine, visitaient de petites villes en voiture et buvaient toutes les nuits. Ils avaient des chambres séparées pareilles à des cabines, comme s'ils étaient les passagers d'un vieux bateau.

À midi, la lumière glissait le long des maisons en demi-cercle, des gens marchaient au loin. Un nuage de pigeons s'éleva sous les pas d'un chien trottinant. L'homme assis à la table devant eux avait une paire de jumelles qu'il braquait ici et là. Deux Suédoises passèrent lentement.

– Maintenant, ils noircissent, dit l'homme.

– Qu'est-ce qui noircit ? demanda sa femme.

– Les pigeons.

– Alan, chuchota Frank.

– Quoi ?

– Les pigeons noircissent.

– Oh ! quel dommage !

Le silence régna pendant un instant.

– Tu n'as qu'à les prendre en photo, dit la femme.

– En photo ?

– Oui, ces filles. Tu n'arrêtes pas de les regarder.

Le mari posa ses jumelles.

– Cet arrondi est si gracieux, dit la femme. C'est ce qui rend cette place tellement parfaite.

– Ce temps, ce soleil sont vraiment fabuleux, dit Frank sur le même ton.

– Ainsi que les pigeons, dit Alan.

– Oui, les pigeons aussi.

Au bout d'un moment, le couple se leva et s'éloigna. Les pigeons s'ébrouèrent devant un enfant qui courait et s'envolèrent dans un bruissement d'ailes.

– Vous jouez toujours à vos petits jeux, à ce que je vois, dit Brenda.

Frank sourit.

– Nous devrions nous réunir à New York, dit-elle ce soir-là.

Ils attendaient qu'Alan descendît de sa chambre. Elle tendit le bras pour prendre un des magazines posés sur la table.

– Tu n'as jamais vu mes enfants, n'est-ce pas ?

– Non.

– Ils sont fantastiques.

Elle feuilleta la revue sans vraiment la regarder. Elle avait les avant-bras bronzés. Elle ne portait pas d'alliance. Le premier acte était terminé, ou, du moins, les cinq premières minutes de la pièce. Maintenant, on en arrivait au nœud de l'action.

– Tu te souviens des soirées qu'on passait au Goldie's ? demanda-t-elle.

– Tout était différent alors.

– Pas tellement.

– Que veux-tu dire ?

Elle agita son annulaire nu et regarda Frank. Alan apparut juste à ce moment. Il s'assit et dévisagea ses amis l'un après l'autre.

– Que se passe-t-il ? demanda-t-il. Je vous dérange ?

Au moment de repartir, Brenda leur demanda de l'amener à Rome en voiture. Ils pourraient y passer deux jours ensemble, puis elle prendrait son avion. Ce n'était pas sur leur route, déclara Frank.

– Écoute, on y est en trois heures !

– Je sais, mais nous allons dans la direction opposée.

– Enfin, quoi ! Tu ne veux pas m'accompagner ?

– Allons-y, dit Alan.

– Vas-y, toi. Moi je reste ici.

– Tu aurais dû faire de la politique, railla Brenda. Tu es vraiment doué pour ça.

Après son départ, l'ambiance changea. Ils étaient seuls. Traversant la campagne endormie, ils roulèrent vers le nord. Dans le crépuscule qui tombait sur Venise, l'eau verte clapotait le long des quais. De la lumière brillait dans quelques *palazzi*. Derrière les rideaux des fenêtres supérieures, des jambes de comtesses se déroulaient, glissaient sur les draps comme des serpents.

Au Harry's, Frank leva son verre rempli d'un liquide sombre et glacé et murmura la phrase préférée de son père : « Bonne nuit, docteur. » Il bavarda avec un couple assis à la table voisine, un Allemand, directeur d'un hôtel à Düsseldorf, et sa petite amie. Celle-ci l'avait regardé avec une certaine insistance.

– Vous voulez goûter ? lui demanda-t-il.

C'était son second verre. Elle but, les yeux fixés sur lui.

– Ma parole, vous l'avez terminé ! dit-il.

– Oui, cela m'amuse de faire ça.

Frank sourit. Boire le rendait étrangement calme. Un jour, dans un parc à Lugano, un oiseau s'était posé sur sa chaussure.

Au matin, de l'autre côté du canal large comme un fleuve, se dressaient les bâtiments aux couleurs douces de la Giudecca, grande péniche enfoncée dans l'eau avec des toits et les cimes d'arbres cachés. Les premiers vents d'automne ridaient la surface de l'eau.

Ils quittèrent Venise. Frank conduisait. Il ne pouvait monter dans une voiture sans se mettre lui-même au volant. Bien calé sur son siège, Alan regardait le soleil inonder les collines de l'Antiquité. Journées européennes, silence, aiguille oscillant autour du cent.

À Padoue, Alan se réveilla de bonne heure. Sur le marché, les commerçants dressaient leurs étalages. C'était avant l'aube. Il faisait frais. Un homme disposa des planches sur le trottoir, huit planches pareilles à des portes, puis il plaça des sacs de grain dessus. Il portait un veston. Fouillant dans sa camionnette, il trouva quelques petits morceaux de bois avec lesquels il cala l'assemblage dont il vérifia la stabilité avec son pied.

Le ciel vira au mauve. Sous les arcades, les bouchers avaient pendu des poulets et des coqs ; les pattes à éperon des volatiles étaient attachées. Deux hommes s'étaient assis pour éplucher des artichauts. Une voiture bleue de *carabiniere* passa très lentement. Maintenant les sacs de riz et de haricots étaient en place, leurs bords repliés comme des poignets de chemise. Une fille qui portait un manteau ajusté à la taille et un fichu sur la tête criait : « *Signore* », puis d'une voix arrogante : « *Dica !* »

Il voyait le monde avec des yeux neufs, il voyait ses pavés, son architecture, les noms qui avaient perduré mille ans. On aurait dit que sa vie se décantait, que le sédiment tombait au fond. De l'autre côté de la rue, dans une bijouterie, une jeune fille disposait des articles dans la vitrine. Gantée de blanc, elle les arrangeait avec grand soin. Tandis qu'il se tenait là, elle leva les yeux. Pendant un instant, leurs regards se croisèrent, séparés par le verre illuminé. Elle tenait un bracelet en lapis-lazuli, de la couleur de la voiture de police. S'enhardissant, il forma silencieusement les mots *Quanto costa ? Tre cento settante mille* répondirent les lèvres de la jeune fille. Quand il revint, il était huit heures. Un taxi s'arrêta devant la porte, emplissant l'étroite rue d'un bruit de ferraille. Une femme en tenue de soirée descendit du véhicule et disparut à l'intérieur de l'hôtel.

Les jours passèrent. À Vérone, les pointes des clochers et les dômes surgirent de la brume. Les serveurs en veste blanche sortaient des cuisines. *Primi, secondi, dolce.* Ils s'arrêtèrent à Arezzo. Frank revint à la table de restaurant avec des cartes postales. Alan essayait d'écrire à sa fille une fois par semaine. Il ne savait jamais quoi lui dire : où ils étaient et ce qu'ils avaient vu. Giotto – qu'est-ce que ça signifierait pour elle ?

Ils étaient assis dans la voiture. Frank portait une veste taillée dans un tweed très doux semblable à du cachemire. Il avait fait des emplettes chez Missoni et ailleurs : blousons, chaussures. Des lycéennes en jupes bleu marine passaient sous une voûte en face d'eux. Au bout d'un moment, une autre la franchit, seule. Elle s'arrêta comme si elle attendait quelqu'un. Alan était en train d'examiner la carte routière. Il sentit le moteur se mettre en marche. Ils avancèrent très lentement. La vitre descendit.

– *Scusi, signorina*, fit la voix de Frank.

L'adolescente les regarda. Elle avait des traits purs, un visage dénué d'expression. On eût dit qu'un oiseau s'était tourné vers eux, un oiseau prêt à s'envoler à tout instant.

Où se trouvait le *centro*, le centre-ville ? lui demanda Frank. Elle regarda d'un côté, puis de l'autre.

– Là-bas, répondit-elle.

– Vous êtes sûre ? fit-il.

Il tourna lentement la tête à peu près dans la direction que la jeune fille venait d'indiquer.

– *Si*, confirma-t-elle.

Ils allaient à Sienne, poursuivit Frank. Il y eut un silence. Connaissait-elle la route qui y menait ?

Elle pointa son doigt dans la direction opposée.

– Alan, on l'invite à monter ? demanda-t-il.

– Tu es fou ?

Deux hommes vêtus de blouses blanches comme des médecins restauraient les portes en bois de l'église. Ils étaient perchés sur un échafaudage. Frank tendit le bras et ouvrit la portière arrière.

– Vous voulez faire un tour ?

Du doigt, il dessina un petit cercle en l'air.

Ils roulèrent dans les rues en silence. La radio diffusait de la musique. Pas un mot. Frank regarda une ou deux fois la fille dans le rétroviseur. À l'époque, on parlait beaucoup d'un meurtre qui avait eu lieu en Pologne, l'assassinat d'un prêtre. La nuit tombait. Les lumières s'allumaient dans les vitrines ; les kiosques vendaient les journaux du soir. Le corps de la victime couché dans un cercueil apparaissait dans le coin supérieur gauche du *Corriere della Sera*. Le mort portait des vêtements propres comme un ouvrier après un terrible accident.

– Vous aimeriez prendre un *aperitivo* ? demanda Frank par-dessus son épaule.

– *No*, répondit-elle.

Ils retournèrent devant l'église. Frank descendit quelques minutes avec elle. Ses cheveux étaient très clairsemés, remarqua Alan. Mais paradoxalement, cela le faisait paraître plus jeune. Ils restèrent là à parler un moment, puis la fille se tourna et remonta la rue.

– Que lui as-tu dit ? s'informa Alan nerveusement.

– Je lui ai demandé si elle voulait un taxi.

– Nous aurons forcément des ennuis.

– Pas du tout, assura Frank.

Sa chambre se trouvait au coin de l'immeuble. Elle était grande, avec un coin pour s'asseoir, près des fenêtres. Deux tapis orientaux râpés recouvraient le plancher. Dans la salle de bains, une petite armoire vitrée contenait sa brosse à cheveux, des lotions, de l'eau de Cologne. Le nom de l'hôtel était tissé en blanc sur les serviettes vert pâle. La fille ne regarda rien de tout ça. Il avait donné quarante mille lires au *portiere*. Les lois sont très strictes en Italie. Il était presque la même heure de l'après-midi. Il s'agenouilla pour lui ôter ses chaussures.

Il avait tiré les rideaux, mais de la lumière entrait par les bords. Soudain, la fille parut trembler, tout son corps frissonna.

– Ça va ? demanda-t-il.

Elle avait fermé les yeux.

Plus tard, debout, il se vit dans la glace. Il eut l'impression que sa taille avait épaissi. Il se tourna de manière à ce qu'on le remarquât moins. Il retourna au lit, mais fut trop rapide. « *Basta* », dit-elle finalement.

Ensuite, ils descendirent et rejoignirent Alan dans un café. Ce dernier avait du mal à les regarder. Il se mit à dire des bêtises. Qu'étudiait-elle à l'école ? demanda-t-il. « Ah ! non, je t'en prie ! » protesta Frank. Eh bien, que faisait son père, alors ? La fille ne comprit pas.

– Quel genre de travail ?

– Meubles, dit-elle.

– Il les vend ?

– *Restauro.*

– Dans notre pays, pas de *restauro*, expliqua Alan. Il fit un geste. Jeter.

– Il faut que je me remette au jogging, décida Frank.

Le lendemain était un samedi. Il demanda au *portiere* de composer le numéro de la fille, puis de lui passer le combiné.

– Allô, Eda. C'est Frank.

– Je sais.

– Que fais-tu ?

Il ne comprit pas sa réponse.

– Nous allons à Florence, dit-il. Veux-tu nous accompagner ?

Silence.

– Viens donc passer quelques jours avec nous.

– Non, répondit-elle.

– Pourquoi pas ?

D'une voix moins forte, elle ajouta :

– Quelle explication puis-je donner ?

– Tu trouveras bien quelque chose.

Au milieu de la pièce, des enfants jouaient aux cartes tandis que trois femmes élégantes, leurs mères, papotaient. Chaque fois qu'un joueur jetait une carte sur la table, des cris excités s'élevaient.

– Eda ?

Elle était encore au bout du fil.

– *Si*, dit-elle.

Dans les collines, on brûlait des feuilles. Bien que la fumée fût invisible, ils la sentaient au passage comme l'odeur d'un restaurant ou d'une usine à papier. Ce parfum rappela soudain à Frank son enfance et leur maison de campagne, quand il ratissait la pelouse avec son père, il y avait bien longtemps de cela. Les panneaux verts commençaient à dire « Firenze ». Il se mit à pleuvoir. Les essuie-glaces glissaient silencieusement sur le pare-brise. Tout était très beau et flou.

Ils dînèrent dans un restaurant aux salles très simples, chaulées, pareilles aux voûtes d'une cave. Eda avait l'air très jeune. Elle ressemblait à un chiot, tant le blanc de ses yeux était pur. Elle parla peu et joua avec une bande de papier rose qui s'était détachée du menu.

Au matin, ils errèrent dans la ville. Les vitrines exposaient des articles pour des femmes plus âgées, au moins la trentaine, des robes de soie, des bracelets, des foulards. Chez Fendi, il y avait un manteau magnifique et, au-dessous, le prix en petits chiffres métalliques.

– Il te plaît ? Viens, je te l'achète.

Il voulait voir le manteau de la vitrine, leur dit-il à l'intérieur.

– Pour la *signorina* ?

– Oui.

Elle semblait ne pas comprendre. Son visage disparaissait dans la fourrure. Il lui caressa la joue à travers les poils.

– Tu sais combien ça coûte ? demanda Alan. Quatre millions cinq cent mille.

– Il te plaît ? demanda Frank à Eda.

Elle ne quittait plus son vêtement neuf. Elle le garda pour regarder les matchs de football à la télévision, assise les jambes ramenées sous elle. La chambre était en désordre, ils n'étaient pas sortis de la journée.

– Et si on partait d'ici ? demanda Alan à l'improviste.

Les présentateurs s'époumonaient en italien.

– J'aimerais visiter Spoleto.

– Bien sûr, répondit Frank. Où se trouve ce patelin ?

La main posée sur le genou de la fille, il le frottait presque imperceptiblement, comme on pourrait caresser un chat endormi.

La campagne était plate et embrumée. Derrière eux, ils laissaient le passé, des verres sales, des serviettes sur le carrelage de la salle de bains. Dans le restaurant, Frank remarqua une tache sur le revers de sa veste. Tandis que le maître d'hôtel râpait du parmesan frais sur leurs assiettes, il essaya de l'enlever. Il trempa le coin de sa serviette dans de l'eau et frotta. Placée près de la porte, la table était visible de la réception. Eda ajustait une de ses boucles d'oreilles.

– Tu n'as qu'à la cacher avec ta serviette, conseilla Alan.

– Peux-tu me l'enlever ? demanda Frank à Eda.

De son ongle, la fille gratta rapidement la tache.

– Que vais-je devenir sans elle ? fit Frank.

– Comment ça, « sans elle » ?

– Nous sommes donc à Spoleto, constata Frank.

La tache avait disparu.

– Commandons une autre bouteille. Il appela le garçon. *Senta.* Demande-lui, dit-il à Eda.

Ils riaient et parlaient du bon vieux temps, de l'époque où ils gagnaient huit cents dollars par semaine et travaillaient dix à douze heures par jour. Ils évoquèrent Weyland et les veines de son nez. Son expression préférée était « haut en couleur », un témoignage un peu trop, beaucoup trop « haut en couleur », un décor assez « haut en couleur ».

Ils partirent en parlant très fort. Perdue dans son énorme manteau, Eda se serrait entre les deux. « *Alla rovina* », marmonna le réceptionniste alors qu'ils atteignaient la rue, « *alla macerie* », dit-il, la standardiste le regarda, « *alla polvere* ». Il était question de détritus et de poussière.

Les matins étaient froids maintenant. Dans le jardin, des feuilles s'entassaient contre les pieds de table. Alan était assis seul au bar. Une serveuse, celle qui avait un grain de beauté sur la lèvre, entra et mit en marche la machine à café. Frank descendit. Il portait un manteau jeté sur les épaules. Avec sa chemise dépourvue de cravate, il ressemblait à un riche patient dans quelque hôpital ou à un fabricant de produits alimentaires qui a passé sa nuit à jouer aux cartes.

– Alors, qu'est-ce que tu en dis ? fit Alan.

Frank s'assit.

– Belle journée, commenta-t-il. On devrait aller quelque part.

Dans la pièce, voire dans tout l'hôtel, il n'y avait pas d'autre bruit que leurs voix, un bruit irrégulier et faible pareil à de légers coups de balai sur le sol. Un son étouffé, puis un autre.

– Où est Eda ?

– Elle prend un bain.

– Je voulais lui dire au revoir.

– Pourquoi ? Qu'est-ce qui ne va pas ?

– Je crois que je vais rentrer.

– Que s'est-il passé ? demanda Frank.

Alan se voyait dans la glace fixée derrière le comptoir. Ses cheveux blond roux. Il semblait pâle, inexistant.

– Il ne s'est rien passé, répondit-il.

Eda était entrée dans le bar et s'était assise à l'autre bout de la pièce. Il se sentit oppressé.

– Simplement, l'Europe me déprime.

Frank le regardait.

– C'est à cause d'Eda ?

– Non. Je ne sais pas.

Le bar semblait terriblement silencieux. Alan posa ses mains sur ses genoux. Elles tremblaient.

– Si ce n'est que ça, nous pouvons la partager, proposa Frank.

– Qu'est-ce que tu racontes !

Il était trop nerveux pour le dire d'un ton juste. Il lorgna Eda du coin de l'œil. Elle regardait dehors, dans le jardin.

– Eda, appela Frank, tu veux boire quelque chose ? *Cosa vuoi ?*

Il fit le geste de porter un verre à ses lèvres. Il avait été extrêmement populaire à l'université. On avait abrégé Shuford en Shuf, puis en Shoes. Il avait couru le Penn Relays. Sa mère pouvait remonter son arbre généalogique jusqu'à six générations.

– Un jus d'orange, répondit-elle.

Ils restèrent là à bavarder tranquillement. Ils faisaient ça souvent, avait remarqué Eda. Ils parlaient affaires, ou de New York.

Quand ils revinrent à l'hôtel cette nuit-là, Frank lui expliqua. Elle comprit tout de suite. Non. Elle secoua la tête. Alan attendait au bar. Il buvait une espèce de liqueur. Cela ne marcherait pas, il le savait. De toute façon, cela n'avait pas d'importance. Il se sentait néanmoins mortifié. L'hôtel au-dessus d'eux, les couloirs et les chambres calmes, n'étaient-ils pas faits pour ça ?

Frank et Eda entrèrent. Il réussit à se tourner vers eux. Eda semblait impassible – il n'aurait pas pu dire ce qu'elle pensait. Qu'est-ce que c'était que cet alcool qu'il était en train de boire ? demanda-t-il finalement. Elle ne comprit pas sa question. Il vit

Frank incliner légèrement la tête une fois, comme en signe d'acquiescement. Ils étaient comme des voleurs.

Les premières lueurs du jour jetaient des reflets bleus sur les vitres. On entendait un bruit de pluie. Ce n'étaient que des feuilles qui volaient dans le jardin, glissaient sur le gravier. Alan sortit doucement du lit pour fixer un des volets. En bas, à moitié cachée dans les haies, brillait une statue blanche. Les quelques voitures garées là luisaient faiblement. Eda dormait, la tête sur le gros oreiller mou. Il avait peur de la réveiller.

– Eda, chuchota-t-il, Eda.

Elle entrouvrit les yeux, puis les referma. Elle était jeune, elle pouvait continuer à dormir. Il n'osa pas la toucher. Elle était malheureuse, il le savait. Son cou nu, ses cheveux, son corps invisible. Ils mettraient du temps à s'habituer. Il ne savait pas quoi faire. À part cela, c'était parfait. C'était la chose la plus naturelle du monde. Lui aussi, il lui ferait un cadeau, un très beau cadeau.

Il resta devant la fenêtre de la salle de bains, à se rappeler le jour où Frank et lui étaient arrivés chez Weyland, Braun. C'était après cela que Frank et lui étaient devenus inséparables. L'automne dans les jardins du Veneto. L'aube pointait à peine. Il se souviendrait toujours de sa première rencontre avec Frank. Il n'aurait jamais pu faire toutes ces choses seul. Un jeune homme en casquette sortit soudain de la porte, au-dessous de lui, il traversa l'allée et sauta sur une moto. Il mit le moteur en marche, un faible ronronnement. Il alluma son phare et partit, son panier de livraison fixé à l'arrière. Il allait chercher les pains du petit déjeuner. Sa vie était simple. L'air était pur et frais. Ce garçon faisait partie du grand ordre immuable des salariés dont l'univers est dénué de lumière et qui n'ont pas conscience de ce qui se trouve au-dessus d'eux.

Autres rivages

Mrs. Pence et ses chaussures blanches étaient parties. Elle avait quitté la maison deux jours plus tôt et sa chambre en haut de l'escalier était vide ; plus aucun produit de beauté ne traînait sur la coiffeuse et on avait enfin rangé la planche à repasser. Il ne restait que quelques épingles à cheveux et un peu de poudre de talc. Le lendemain, Truus débarqua avec deux valises et des joues barbouillées de rouge. On était en mars, il faisait froid. Christopher la rencontra, comme par hasard, dans la cuisine.

– Vous tirez sur les gens ? s'informa-t-il.

Truus était hollandaise et il apparut qu'elle n'avait pas de permis de travail. La maison était dans un état épouvantable.

– Je peux vous payer cent trente-cinq dollars par semaine, dit Gloria.

D'abord, Christopher trouva cette fille antipathique, mais bientôt la vaisselle qui s'empilait fut lavée et rangée, le sol balayé. Les choses rentrèrent plus ou moins dans l'ordre – la femme de ménage ne venait qu'une fois par semaine. Truus était lente, mais zélée. Elle blanchissait le linge, ce que Mrs. Pence, infirmière diplômée, avait toujours refusé, faisait les courses, préparait les repas et s'occupait de Christopher. Elle travaillait dur, elle avait dix-neuf ans, elle était boudeuse, épanouie. Gloria lui prit rendez-vous chez Elisabeth Arden pour un nettoyage de peau, à Southampton, lui donna le lundi et une soirée par semaine de congé.

Peu à peu, Truus apprit à connaître la maison. C'était une ancienne et vaste remise à voitures transformée en location. Gloria avait vingt-neuf ans. Elle aimait se lever tard, et des brûlures de cigarette apparaissaient parfois sur le tapis de la salle de séjour. Le père de Christopher vivait en Californie et Gloria avait un ami nommé Ned.

– Tant que ce salaud n'aura pas payé ce qu'il me doit, il peut toujours se brosser pour revoir Christopher, disait-elle souvent.

– Tu as tout à fait raison, approuvait Ned.

Quand il commença à faire plus chaud, on put voir Truus dans les divers magasins du village ou dans la rue, avec Christopher en remorque. Elle était un peu terne. À ce moment-là, elle avait déjà fait la connaissance d'une autre fille au pair, une Française, avec laquelle elle allait au cinéma. Sous les arbres revêtus de feuilles nouvelles glissaient de coûteuses voitures. Leur nombre augmentait chaque semaine. Truus se mit à emmener Christopher à la plage. Gloria les regardait partir. Souvent elle était encore en peignoir. Elle agitait la main et buvait du café. Elle avait de la chance. Tous ses amis le lui disaient et elle le reconnaissait : Truus était une perle. Elle s'était intégrée à la famille.

– Truus sait où on peut trouver des souris avipproisées, dit Christopher.

– Des quoi ?

– Des souris avipproisées.

– Apprivoisées, rectifia Gloria.

Il la regardait se maquiller, fasciné. La figure tout près du miroir, elle brossait ses longs cils vers le haut d'un air concentré. Elle avait une abondante chevelure blonde, un grain de beauté sur la lèvre supérieure où poussaient quelques poils et une petite tache sur le front ; à part cela, elle avait un joli visage. Quand on la voyait pour la première fois, on la trouvait toujours très belle. Ensuite, on remarquait ses jambes minces, des jambes aristocratiques comme elle disait, héritées de sa mère. À mesure que la soirée avançait, Gloria perdait de sa perfection. Ses lèvres se ternissaient, elle égarait ses boucles d'oreilles. La police de la route la connaissait bien. Quelques semaines plus tôt, en revenant d'une soirée, elle avait mis sa voiture dans un fossé. Puis elle avait remonté Georgica Road à pied à trois heures du matin et cassé deux carreaux de la porte de la cuisine pour pouvoir entrer.

– Son copain sait où les acheter, dit Christopher.

– Quel copain ?

– Oh ! juste une connaissance, dit Truus.

– Nous l'avons rencontré au village.

Les yeux de Gloria quittèrent son propre reflet

pour se poser un instant sur celui de Truus, qui suivait la séance de maquillage avec tout autant d'attention.

– Je peux avoir des souris ? plaida Christopher.

– Quoi ?

– S'il te plaît.

– Non, mon chéri.

– S'il te plaît, maman !

– Non, nous en avons déjà assez comme ça.

– Où ?

– Dans toute la maison.

– S'il te plaît !

– Non. Et maintenant, tais-toi.

À Truus, elle demanda d'un ton détaché :

– C'est votre petit ami ?

– Pas du tout, répondit la fille. C'est juste quelqu'un que j'ai rencontré par hasard.

– Surtout soyez prudente. On ne sait jamais à qui on a affaire.

Gloria recula légèrement la tête et examina ses grands yeux bordés de noir.

– Remerciez le Ciel de ne pas être en Italie, ajouta-t-elle.

– En Italie ?

– On ne peut même pas se promener dans la rue, là-bas. On ne peut même pas s'acheter une paire de chaussures. Ils ne vous laissent pas tranquilles. Ils sont tous là à essayer de vous peloter.

Cela s'était passé à la sortie de Dean and De Luca's, Christopher avait absolument voulu porter le sac et avait laissé tomber le précieux fardeau à peine la porte franchie.

– Oh ! regarde ce que tu as fait ! avait grondé Truus. Je t'avais pourtant dit de ne pas le lâcher !

– Je ne l'ai pas lâché, il m'a glissé des mains.

– Ne touche à rien, il y a du verre cassé là-dedans.

Christopher contemplait le sol. Il avait un petit corps vigoureux, les cheveux courts et une fossette au menton comme son père, le banni. Des gens passaient devant eux. Truus était fâchée. Il faisait chaud, le magasin était bondé et maintenant, elle devait y retourner !

– Vous avez eu un petit accident, on dirait. Qu'y a-t-il de cassé ? Ce n'est pas grave. Ils vous en donneront un autre. Je connais la caissière.

Quand l'homme ressortit quelques instants plus tard, il demanda à Christopher :

– Tu crois que tu pourras le tenir cette fois ?

Le garçon garda le silence.

– Comment t'appelles-tu ?

– Eh bien, réponds, dit Truus. Puis au bout d'un moment : Il s'appelle Christopher.

– Dommage que tu n'aies pas été avec moi ce matin, Christopher. Je suis allé dans un magasin où ils avaient beaucoup de souris apprivoisées. En as-tu déjà vu ?

– Où ça ? demanda l'enfant.

– Elles s'assoient tranquillement sur ta main.

– Où est ce magasin ?

– Tu ne peux pas avoir de souris, décréta Truus.

– Si, je peux. Christopher continua à répéter cette

phrase tandis qu'ils marchaient. Je peux avoir tout ce que je veux.

– Tais-toi.

Ils parlaient au-dessus de lui. Ils s'arrêtèrent un moment au coin de la rue. Christopher n'ouvrit pas la bouche pendant leur conversation. Il sentit une main lui ébouriffer les cheveux, mais garda les yeux baissés.

– Dis au revoir, Christopher.

Il se tut. Il refusa de lever la tête.

Au milieu de l'après-midi, le soleil brûlait, une vraie fournaise. Tout se détachait en noir ; l'horizon se perdait dans la brume. Très loin sur la plage, devant l'une des maisons les plus imposantes du village, flottait un grand drapeau. Christopher sur ses talons, Truus avançait péniblement sur le sable. Elle trouva enfin ce qu'elle cherchait. Quelqu'un était assis au sommet des dunes.

– Où allons-nous ? demanda l'enfant.

– Là-haut.

Christopher ne tarda pas à distinguer leur but.

– J'ai des souris, dit l'homme.

– Pas possible !

– Vous voulez savoir leurs noms ? En fait, il s'agissait de deux pauvres gerbilles enfermées dans un récipient rempli de copeaux. Catman et Batty.

– Catman ?

– Oui, c'est la plus grosse.

Il remarqua que Truus étendait une serviette de bain.

– Est-ce qu'on reste ici ?
– Oui.
– Pourquoi ? demanda Christopher.

Il voulait aller au bord de l'eau. Finalement, Truus le lui permit.

– Mais seulement si tu restes là où je peux te voir.

Alors qu'il s'éloignait en courant, il fit tomber sa pelle et elle dut le rappeler. Ensuite, il repartit. Truus fit semblant de le surveiller.

– Je suis bien content que vous soyez venue. Je ne connais même pas votre nom. Je connais celui du petit, mais pas le vôtre.
– Truus.
– C'est la première fois que j'entends ce nom. C'est quoi ? C'est français ?
– Hollandais.
– Ah oui ?

Lui, il s'appelait Robbie Werner, ce qui était « loin d'être aussi joli », dit-il. Il avait le sourire facile et des yeux bleu pâle. Il avait l'air d'un enfant gâté, d'un étudiant qu'on a renvoyé de l'université, mais qui s'en fiche. Le soleil brûlant frappait les épaules de Truus cachées par son tee-shirt au-dessous duquel elle portait un maillot une pièce. Elle avait conscience de sa lourdeur, de la chaleur et des grosses jambes masculines allongées près d'elle.

– Vous vivez ici ? demanda-t-elle.
– Non, j'y suis simplement en vacances.
– D'où venez-vous ?
– Devinez.

– Je ne sais pas.

Elle n'était pas très douée pour ce genre de jeu.

– D'Arabie Saoudite. Il y fait trois fois plus chaud qu'ici.

Il travaillait là-bas, expliqua-t-il. Il avait un appartement et un téléphone gratuits. Tout d'abord, Truus ne le crut pas. Pendant qu'il parlait, elle lui jetait des regards furtifs et finit par se rendre compte que c'était vrai. Il avait deux mois de vacances par an qu'il prenait habituellement en Europe. Elle imagina que cela consistait à dormir dans des hôtels, à se lever tard et à aller déjeuner au restaurant. Elle aurait voulu qu'il continuât à parler. Elle-même ne trouvait rien à dire.

– Et vous, demanda-t-il, que faites-vous ?

– Oh ! je m'occupe de Christopher, c'est tout.

– Où est sa mère ?

– Elle vit ici. Elle est divorcée.

– C'est terrible tous ces gens qui divorcent, déclara Robbie.

– Je suis d'accord avec vous.

– Je veux dire : pourquoi se marier ? Vos parents sont-ils encore ensemble ?

– Oui, répondit-elle, bien qu'elle eût l'impression que ceux-ci n'étaient pas un bon exemple. Ils étaient mariés depuis près de vingt-cinq ans et leur union les avait épuisés, surtout sa mère.

Soudain, Robbie se redressa légèrement.

– Hum, fit-il.

– Qu'y a-t-il ?

– Votre gosse. Je ne le vois plus.

Truus bondit, regarda autour d'elle et se mit à

galoper en direction de l'eau. Les vagues avaient construit un banc de sable qui cachait le bord de la mer. Alors qu'elle approchait, elle finit par distinguer une petite tête blonde. Elle cria son nom.

– Je t'avais dit de rester à un endroit où je puisse te voir, gronda-t-elle, hors d'haleine, quand elle le rejoignit. J'ai été obligée de courir comme une dératée. Ce que tu as pu me faire peur !

Christopher tapait machinalement sur le sable avec sa pelle. Levant les yeux, il aperçut Robbie.

– Tu veux faire un château ? demanda-t-il d'un air innocent.

– Bien sûr, fit Robbie après un instant de réflexion. Viens, allons un peu plus loin, plus près de l'eau. Comme ça nous pourrons l'entourer de douves. Vous voulez nous aider ? demanda-t-il à Truus.

– Non, décida Christopher, elle n'y connaît rien.

– Bien sûr que si. Elle va nous être très utile.

– Comment ?

– Tu verras.

Ils marchaient sur la pente veloutée, mouillée par les vagues.

– Comment tu t'appelles ? demanda Christopher.

– Robbie. Voilà un bon endroit.

Il s'agenouilla et commença à creuser le sable.

– Tu as un zizi, toi ? s'informa l'enfant.

– Oui, bien sûr.

– Moi aussi, j'en ai un.

Elle était en train de préparer le dîner de Christopher. Dehors, sur la terrasse, l'enfant s'amusait à taper sur l'ardoise avec sa pelle. Il faisait chaud. Truus sentait ses vêtements lui coller au corps et de la transpiration perler sur sa lèvre supérieure ; plus tard, elle monterait prendre une douche. Elle avait une chambre au deuxième étage, non pas celle qu'avait occupée Mrs. Pence – une petite chambre d'amis toute blanche avec un rectangle de bois nu à l'endroit où l'on avait enlevé la serrure originale. Juste devant la fenêtre, il y avait des arbres et la grosse haie des voisins. Donnant au sud, la pièce recevait la brise marine. Souvent, au matin, Christopher grimpait dans le lit de Truus, il avait les jambes fraîches et ses cheveux dégageaient une légère odeur acide. La chambre était remplie de lumière confuse. Truus sentait du sable dans les draps, juste quelques grains. À moitié endormie, elle tournait la tête pour regarder sa montre posée sur la table de chevet. Il n'était pas encore six heures. Les premiers oiseaux chantaient. À côté d'elle, yeux clos, les lèvres entrouvertes découvrant une rangée de petites dents, était couché un petit garçon parfait.

Il s'était mis à creuser dans les jardinières pleines de fleurs et entassait la terre au bord dc la terrasse.

– Arrête ! cria Truus. Tu fais mal aux plantes. Arrête ça tout de suite ou je te mets dans l'arbre, tu sais, celui qui est près de la remise.

Le téléphone sonna. Gloria décrocha dans une autre partie de la maison.

– C'est pour vous ! appela-t-elle au bout d'un moment.

– Allô ? fit Truus.
– Salut.
C'était Robbie.
– Bonjour, répondit-elle.
Elle se demanda si Gloria avait raccroché. Puis elle entendit un déclic.
– Pourras-tu venir à notre rendez-vous de ce soir ?
– Oui, dit-elle, le cœur soudain tout léger.
L'enfant s'était mis à racler la porte-moustiquaire avec sa pelle.
– Excuse-moi un instant. Elle mit la main sur le téléphone. Christopher, ne fais pas ça ! gronda-t-elle.
Après avoir reposé le combiné, elle se tourna vers le garçon. Debout à la porte, il l'observait.
– Tu as faim ? demanda-t-elle.
– Non.
– Viens te laver les mains.
– Pourquoi tu sors ?
– Juste pour m'amuser. Allez, viens.
– Où tu vas ?
– Oh ! arrête, tu veux !

L'air de la nuit était doux. La chaleur se répandait aussitôt sur le corps comme un afflux de sang. Ils étaient assis dans la fraîcheur vrombissante du Laundry, au-delà de la gare obscure, près du comptoir bordé d'hommes. Le bar était bondé et bruyant. De temps en temps, quelqu'un les saluait au passage.

– Quel cirque, hein ? fit Robbie.

Truus savait que Gloria venait souvent ici.

– Que veux-tu boire ?

– De la bière, répondit-elle.

Il y avait au moins vingt hommes debout au bar. Truus sentait que certains la regardaient.

– Tu n'es pas mal en maillot de bain, tu sais, dit Robbie.

Elle savait que c'était plutôt le contraire.

– As-tu jamais pensé à maigrir de quelques kilos ? demanda-t-il. Il avait une élocution lente et calme. Cela pourrait te faire du bien.

– Oui, je sais.

– As-tu jamais pensé à travailler comme mannequin ?

Elle détourna les yeux.

– Je suis sérieux, assura-t-il. Tu as un joli visage.

– Comme mannequin, on fait certainement mieux, murmura-t-elle.

– Et ce n'est pas tout. Tu as aussi un très joli cul. Tu ne m'en veux pas de te dire ça ?

Elle secoua la tête.

Plus tard, ils passèrent à côté de grandes maisons obscures et descendirent une route qui, à la surprise de Truus, s'élargissait, tout comme elle sentait s'ouvrir à elle de nouvelles perspectives dans sa vie. Des champs ondulaient devant eux ; au loin, quelques lumières. Une plaque de rue indiquant : Egypt Lane – elle était trop troublée pour la lire – flotta un instant dans les faisceaux des phares.

– Sais-tu où nous sommes ?

– Non, admit-elle.

– Voici le Maidstone Club.

Ils franchirent un petit pont et continuèrent. Finalement, ils tournèrent dans une allée. Quand il coupa le contact, elle entendit le bruit de la mer. Deux autres voitures étaient garées à proximité.

– Il y a quelqu'un ici ?

– Non, tout le monde dort, chuchota-t-il.

Marchant sur la pelouse, ils contournèrent la maison. La chambre de Robbie se trouvait dans une sorte d'annexe. Il y régnait une odeur d'humidité. Sur la coiffeuse, des vêtements, un nécessaire de rasage, des magazines. Truus aperçut vaguement tout cela au moment où Robbie frotta une allumette pour allumer une bougie.

– Tu es sûr qu'il n'y a personne ? demanda-t-elle de nouveau.

– Ne t'inquiète pas.

Ce fut un peu maladroit. Ensuite, ils prirent une douche ensemble.

Le menu ne comportait pratiquement aucun plat que Gloria eût envie de manger.

– Et toi, qu'est-ce que tu prends ? demanda-t-elle.

– Une salade de crabe, répondit Ned.

– Pour moi, ce sera un avocat.

Le serveur emporta les cartes.

– Une société pharmaceutique, tu dis ?

– Oui, je pense que c'est une boîte importante.

– Comment s'appelle-t-elle ?

– Je ne sais pas. Elle se trouve en Arabie Saoudite.

– En Arabie Saoudite ? fit Ned d'un ton dubitatif.

– C'est bien là qu'il y a tout l'argent, non ? À la différence d'ici.

– Comment a-t-elle pu rencontrer cet homme ?

– Elle l'a dragué, je suppose.

– C'est typique.

De l'index, Ned repoussa ses lunettes sans monture sur son nez. Il portait un pull à grosses mailles dont il avait remonté les manches. Le soleil avait éclairci ses cheveux. Il avait l'air très jeune et beau. Il avait trente-trois ans et il était célibataire. Seules deux choses n'allaient pas chez lui : sa mère, qui avait mis toute sa fortune en fidéicommis. Et son dos. Quelque chose n'allait pas. Ned souffrait de terribles spasmes et devait parfois rester couché pendant des heures par terre.

– En tout cas, je suis sûre qu'il sait qu'elle n'est qu'une bonne d'enfants, dit Gloria. Il est ici en vacances. J'espère qu'il ne lui brisera pas le cœur. En fait, je ne suis pas mécontente qu'il soit apparu. C'est mieux pour Christopher. De cette façon, il y a moins de chance que Truus ne réponde aux sentiments érotiques que lui porte mon fils.

– Les quoi ?

– Je n'invente rien, je t'assure.

– Tu exagères, Gloria !

– Il se passe quelque chose entre eux. Elle ne s'en rend peut-être pas compte. Il est tout le temps fourré dans son lit.

– Il n'a que cinq ans !
– Les garçons peuvent avoir des érections à cet âge.
– Tu m'étonnes.
– Je l'ai vu de mes propres yeux, chéri.
– À cinq ans ?
– C'est surprenant, mais vous naissez avec. Vous ne vous en souvenez pas, c'est tout.

Elle ne se mit pas à languir d'amour, ni à broyer du noir. Dans les semaines qui suivirent, elle se montra à la fois plus silencieuse et plus calme. Elle n'était pas particulièrement triste. Elle allait faire des courses, comme d'habitude, chaussée de souliers à talons plats qui la faisaient paraître légèrement boulotte. Il vint même à l'esprit de Gloria que la jeune fille était enceinte.
– Tout va bien ?
– Pardon ?
– Vous vous sentez tout à fait bien, ma chérie ? Vous voyez ce que je veux dire.
Parfois, quand tous deux revenaient de la plage et que Truus ôtait patiemment le sable des pieds de Christopher, Gloria éprouvait une grande sympathie pour elle. Elle comprenait pourquoi la jeune fille était tellement silencieuse. À quel point l'apparence peut influencer le destin ! Le visage de Truus semblait vide, dénué d'expression, sauf quand elle jouait avec Christopher : alors, il s'illuminait. De toute façon, Truus était comme une enfant, une enfant un peu lourde, une compagne de jeux pas

très imaginative qu'on finissait par oublier. Et la stupidité de ses rêves ! Elle voulait devenir dessinatrice de mode, lui avait-elle dit un jour. Elle aimerait créer des vêtements.

Personne n'aurait pu dire quels étaient ses véritables sentiments après le départ de son ami. Elle rentrait du village, la porte-moustiquaire claquait derrière elle. Elle répondait au téléphone, prenait des messages. Le soir, elle s'asseyait avec Christopher sur le canapé râpé du premier étage et regardait la télévision. Parfois, ils riaient tous les deux. Les étagères étaient encombrées de jeux, de jouets en plastique, de livres d'enfants. De temps en temps, Christopher devait en descendre un afin que sa mère pût lui lire une histoire. Il était très important qu'il commençât à aimer les livres, déclara Gloria.

C'était une enveloppe bleu pâle qui portait des caractères arabes dans un coin. Debout dans la cuisine, Truus l'ouvrit et se mit à lire. L'écriture était petite et enfantine. *Ma chère Truus*, disait la missive, *merci pour ta lettre qui m'a fait grand plaisir. Tu n'as pas besoin d'affranchir autant un courrier pour l'Arabie Saoudite. Un seul timbre US airmail suffira. Je suis heureux d'apprendre que je te manque.* Elle leva les yeux. Sur le seuil, Christopher tapait sur quelque chose.

– Ça ne marche pas, dit-il.

Il traînait une petite voiture qu'il fallait gonfler d'air pour la faire rouler.

– Montre-moi ça, dit-elle.

Le garçon semblait au bord des larmes.

– On fixe ce bidule ici, n'est-ce pas ? Elle attacha le petit tuyau en plastique. Voilà, ça va marcher maintenant.

– Non, ça marchera pas.

– Non, ça marchera pas, répéta-t-elle en le singeant.

L'air sombre, il la regarda pomper. Quand la poignée résista, elle posa la voiture par terre, l'orienta et la lâcha. Le jouet bondit à travers la pièce et s'écrasa contre le mur. Christopher s'approcha et toucha l'auto du pied.

– Tu veux jouer avec ?

– Non.

– Alors, ramasse-la et range-la.

L'enfant ne bougea pas.

– Range… la, répéta-t-elle d'une grosse voix en avançant lentement vers lui.

Le garçon l'observait du coin de l'œil. Un autre pas feutré dans sa direction.

– Ou je vais te manger ! rugit-elle.

Il s'enfuit vers l'escalier en poussant des cris. Continuant son chant scandé, elle le suivit sans hâte. Le chien aboyait. Gloria entra. Elle se pencha pour ôter ses chaussures qu'elle expédia sur le côté d'un coup de pied.

– *Hello*, on m'a appelée ? demanda-t-elle.

Truus interrompit sa prestation.

– Non. Personne.

Gloria avait rendu visite à sa mère, ce qu'elle

trouvait toujours fatigant. Regardant autour d'elle, elle se rendit compte qu'il se passait quelque chose.

– Où est Christopher ?

Une lueur blonde apparut sur le palier.

– Bonjour, mon chéri, dit-elle. Il y eut un silence. Maman t'a dit bonjour. Qu'est-ce qui ne va pas ?

– Nous sommes simplement en train de jouer, expliqua Truus.

– Eh bien, arrête de jouer une minute et viens m'embrasser.

Elle emmena l'enfant dans la salle de séjour. Truus monta dans sa chambre. Un peu plus tard, elle entendit Gloria l'appeler. Elle plia la lettre qu'elle venait de lire pour la cinquième ou la sixième fois et sortit sur le palier.

– Qu'y a-t-il ? demanda-t-elle.

– Pouvez-vous descendre ? cria Gloria. Ce gosse me rend folle. Il est impossible, dit-elle quand Truus arriva. Il a renversé son lait, puis l'eau du chien. Regardez-moi cette porcherie !

– Allons jouer dehors, proposa Truus au garçon. Elle voulut lui prendre la main, mais l'enfant se déroba. Viens. Ou bien préfères-tu monter à cheval ?

Christopher contempla le plancher. Truus se mit à quatre pattes comme si elle était seule dans la pièce. Elle libéra ses cheveux, émit un son curieux, un faible hennissement, pur comme le tintement d'un verre. Par-dessus son épaule, elle jeta à l'enfant un regard indifférent. Le garçon l'observait.

– Viens, dit-elle d'un ton calme, ton poney t'attend.

Par la suite, quand les lettres arrivaient, Truus les pliait et les glissait dans sa poche pendant que Gloria regardait son courrier : factures, invitations à des vernissages, demandes urgentes de règlement ; de temps en temps, une lettre personnelle. Bien qu'elle-même n'en écrivît que fort peu, elle se plaignait toujours de ne pas en recevoir. Les commentaires sur l'illogisme de son attitude ne faisaient que l'irriter.

L'automne approchait. Tout semblait le nier. Les journées étaient encore chaudes, un grand soleil d'arrière-saison déversait sa lumière. Des feuilles plus luxuriantes que jamais couvraient les arbres. Derrière les haies, des tondeuses laissaient entendre leur dernier vacarme. Sur l'ardoise tiède de la terrasse, une sauterelle solitaire avançait en boitant, pareille à un ancien combattant vêtu de vert foncé et de jaune. Les oiseaux lui avaient arraché une patte.

Un matin, Gloria était au premier étage lorsque quelque chose attira son attention. La porte de la petite chambre d'amis était ouverte et, sur la table de nuit, il y avait une lettre pliée. Elle était posée là, dans le silence, une de ses moitiés dressée comme une aile. Gloria était seule dans la maison. Truus était partie faire les courses et chercher Christopher à la maternelle. Curieuse comme une écolière, Gloria s'assit sur le lit. Elle déplia l'enveloppe et en sortit les pages. Son regard tomba sur une ligne qui la stupéfia. Pendant un moment, elle en resta comme ahurie. Elle lut nerveusement toute la missive. Puis elle ouvrit le tiroir. Il y en avait d'autres. Elle les lut également. Leur contenu se répétait, comme dans les lettres d'amour, sauf que ce n'étaient pas des lettres d'amour. Il faisait plus que travailler dans un bureau, cet homme, beaucoup plus. Il visitait l'Europe, une ville après l'autre, à la recherche de jeunes gens qui, dans des chambres d'hôtel et des appartements bon marché – elle fut horrifiée par les images qui lui venaient –, se dénudaient et s'immergeaient dans un flot d'actes sordides. Il écrivait dans un style de collégien, c'était cela le plus affreux. Il s'agissait de lettres de recrutement, si simples qu'elles auraient pu être recopiées par un illettré.

Assise là, encadrée par l'embrasure de la porte, les mains presque tremblantes, elle se demanda ce qu'elle devait faire. Elle se sentait bouleversée, effrayée, trahie. Elle regarda par la fenêtre. Devait-elle se rendre à la maternelle – cela ne lui prendrait que quelques minutes – et emmener Christopher en un lieu sûr ? Non, ce serait stupide. Elle dévala l'escalier pour téléphoner.

– Ned, dit-elle d'une voix tremblante quand elle l'eut au bout du fil.

Elle regardait l'une des lettres qui posait un certain nombre de questions prosaïques.

– Que se passe-t-il ? Quelque chose ne va pas ?

– Viens tout de suite. J'ai besoin de toi. J'ai des ennuis.

Pendant un moment, elle resta là, les enveloppes à la main. Après avoir jeté un rapide regard autour d'elle, elle les fourra dans le tiroir où elle rangeait les graines pour le jardin. Elle se mit à calculer combien de temps il faudrait à Ned pour arriver de la ville.

Pendant qu'elle était dans sa chambre, elle les entendit rentrer. Elle s'était ressaisie, mais en pénétrant dans la cuisine, elle sentit son cœur battre à grands coups. Truus préparait le déjeuner.

– Maman, regarde, dit Christopher. Il lui montrait une feuille de papier. Tu vois ce que c'est ?

– Oui, c'est très joli.

– Ça, c'est le moteur, ça, les ailes, et ça, les mitrailleuses.

Elle essaya de se concentrer sur le griffonnage aux couleurs criardes, mais elle n'avait conscience que de la fille qui s'affairait derrière le plan de travail. Pendant que Truus mettait le couvert, Gloria essaya de regarder calmement son visage, un visage qu'elle n'avait encore jamais vu, pensa-t-elle. Pour la première fois, elle y perçut de la dépravation. Quant aux membres si lisses et ronds de la jeune fille, ils exprimaient la brutalité, le vice. Dehors, dans la lumière habituelle, des arbres bordaient un côté de la propriété ; on apercevait le toit d'une maison, la pelouse, des jouets éparpillés. Ce paysage semblait menaçant ; il était trop idyllique, trop calme.

– Ne mange pas avec tes doigts, Christopher, dit Truus en s'asseyant près de lui. Sers-toi de ta fourchette.

– Elle n'est pas assez longue, se plaignit-il.

Truus approcha l'assiette de l'enfant de quelques centimètres.

– Voilà, ça ira mieux maintenant, assura-t-elle.

Plus tard, les regardant jouer dehors, sur l'herbe, Gloria ne put s'empêcher de remarquer un aspect sauvage, presque bestial dans l'excitation de son fils, comme si une sorte de grossièreté était en train de le contaminer, de le souiller. Une ligne parmi toutes celles qui se tortillaient dans son esprit s'imposa à elle. *J'espère que lorsque je te reverrai tu seras prête à recevoir ma grosse bite. P.S. As-tu eu de grosses bites récemment ? Tu me manques. Rien qu'en pensant à toi, je me sens devenir tout dur.*

– As-tu jamais lu une chose pareille ? demanda Gloria.

– À vrai dire, non.

– C'est absolument dégoûtant. J'ai du mal à le croire.

– Mais ce n'est pas elle qui a écrit ces lettres, fit remarquer Ned.

– Elle les a gardées, ce qui est pire.

Ned les avait toutes dans sa main.

Ce serait formidable si tu venais en Europe, disait l'une d'elles. Nous voyagerions et tu pourrais m'aider. Nous pourrions travailler ensemble. Je sais que tu ferais ça très bien. Les filles que je cherche devraient avoir entre treize et dix-huit ans. Il faudrait aussi des garçons un peu plus âgés.

– Flanque-la à la porte, ordonna Gloria. Dis-lui qu'elle doit quitter la maison.

Ned regarda de nouveau les lettres. *Certaines d'entre elles sont étonnamment bien développées. Je crois que tu vois le genre de filles que j'ai en tête.*

– Je ne sais pas… Peut-être s'agit-il simplement d'une sorte de lettre d'amour stupide.

– Ned, je suis tout à fait sérieuse, dit Gloria.

Bien entendu, il y aurait aussi pas mal de séances de baise.

– Je vais téléphoner au FBI.

– Non, non, c'est d'accord. Tiens, prends ça. J'irai le lui dire.

Truus était à la cuisine. Tout en lui parlant, Ned essaya de déceler dans ses yeux gris une impudence qu'il n'aurait pas remarquée jusque-là. Il n'y discerna qu'un grand trouble. La fille ne semblait pas comprendre. Au bord des larmes, elle alla voir Gloria.

– Mais pourquoi ? demanda-t-elle.

– J'ai trouvé les lettres, fut tout ce que Gloria répondit.

– Quelles lettres ?

Elles étaient posées sur le bureau. Gloria les ramassa.

– Elles sont à moi, protesta Truus.

– J'ai téléphoné au FBI, dit Gloria.

– Rendez-les-moi, s'il vous plaît.

– Non. Je vais les brûler.

– Rendez-les-moi, je vous en prie, insista Truus. Bouleversée, elle pleurait. Alors qu'elle se dirigeait vers l'escalier, elle croisa Ned. Celui-ci crut apercevoir en elle les attributs loués dans les lettres, les lettres saoudiennes, comme il les appela plus tard.

Une fois dans sa chambre, Truus s'assit sur le lit. Elle ne savait que faire ni où aller. Elle se mit à rassembler ses affaires, espérant que, si elle traînait un peu, les choses s'arrangeraient. Elle se déplaçait avec une extrême lenteur.

– Où vas-tu ? demanda Christopher debout sur le seuil.

Elle ne répondit pas. Il pénétra dans la pièce en répétant sa question.

– Je vais voir ma mère, dit-elle finalement.

– Ta mère ? Elle est en bas.

Truus secoua la tête.

– Mais si ! insista-t-il.

– Va-t'en, tu me déranges, dit-elle d'une voix blanche.

L'enfant se mit à donner des coups de pied dans la porte. Au bout d'un moment, il s'assit sur le canapé, puis il disparut.

Quand le taxi arriva, Christopher se cachait derrière les arbres de l'allée. Truus avait fini par aller à sa recherche.

– Ah ! te voilà ! s'écria-t-elle.

Elle posa sa valise et s'agenouilla pour dire au revoir. Le garçon baissait la tête. De loin, on aurait dit un geste de soumission.

– Regarde-moi ça, dit Gloria. Elle était dans la maison. Ned se tenait derrière elle. C'est toujours des salopes qu'ils aiment, ajouta-t-elle.

Après le départ du taxi, Christopher resta debout au bord de la route. Cette nuit-là, il descendit dans la chambre de sa mère. Il pleurait. Gloria alluma la lampe.

– Qu'y a-t-il ? demanda-t-elle. Elle essaya de le consoler. Calme-toi, mon chéri. Quelque chose t'a fait peur ? Maman va te raccompagner dans ta chambre. Ne t'inquiète pas. Tout ira bien.

– Bonne nuit, Christopher, dit Ned.

– Dis bonne nuit, mon chéri.

Elle monta avec l'enfant, s'allongea près de lui et réussit finalement à l'apaiser. Il s'endormit, mais donna tant de coups de pied dans son sommeil que Gloria redescendit. De la main, elle maintenait son peignoir fermé. Ned avait laissé un mot : ayant mal au dos, il était rentré chez lui.

Truus fut remplacée par une Colombienne très pieuse qui ne buvait ni ne fumait. Puis par une fille noire nommée Mattie qui, elle, buvait et fumait, mais resta longtemps.

Un soir, alors qu'elle lisait *Town and Country* dans son lit, Gloria tomba sur quelque chose qui la stupéfia : la photo d'une garden-party à Bruxelles. Malgré les dimensions réduites du cliché, elle reconnut un des visages, elle en était absolument certaine. Avec un terrible serrement de cœur, elle approcha la lumière. Démaquillée pour la nuit, elle était dans son état le plus vulnérable. Elle examina l'image de plus près. Elle ne parlait plus à Ned, elle ne l'avait pas vu depuis plus d'un an, pourtant elle fut tentée de l'appeler. Après avoir lu la légende et regardé de nouveau la photo, elle décida qu'elle s'était trompée. Ce n'était pas Truus, juste une femme qui lui ressemblait, et, de toute façon, quelle importance ? Tout cela semblait remonter à des siècles. Christopher l'avait oubliée. Il allait à l'école maintenant et travaillait très bien ; il était déjà dans l'équipe de football et jouait avec des gosses de huit et neuf ans ; il était plus grand et plus intelligent qu'eux. Il mesurerait un mètre quatre-vingt-dix et aurait un tas de petites amies, des filles dont les familles avaient des maisons aux Bahamas. Elles seraient folles de lui.

Allongée là avec le magazine sur les genoux, elle ne put toutefois s'empêcher de penser à Truus. Qu'était-elle devenue ? Elle regarda de nouveau la photo. La jeune fille avait-elle réussi à aller à Amsterdam ou à Paris en tournant dans des films porno ou en faisant d'autres boulots ? Avait-elle rencontré quelqu'un ? Gloria ne pouvait admettre que Truus, maintenant plus mince, était invitée à des soirées, s'asseyait dans l'éclat de restaurants bondés avec son teint toujours aussi laid sous son maquillage et sa morale de mouche. L'idée qu'il pût y avoir un bonheur immérité auquel certaines personnes pouvaient accéder la rendait presque malade. Comme cette fille que Ned allait épouser et qui travaillait chez le traiteur situé à la sortie de l'autoroute, près de Bridgehampton. Cette nouvelle lui avait fichu un sacré coup. Mais pour elle, rien, ou presque rien, n'avait plus vraiment de sens.

Le cinéma

I

Elle arriva à dix heures et demie. Ils attendaient. La porte au bout de la salle s'ouvrit ; avec une certaine timidité, essayant de voir dans la pénombre s'il y avait quelqu'un, elle avança lentement, presque à regret, ses longs cheveux flottant sur ses épaules comme ceux d'une écolière. Tous les regards étaient braqués sur elle. Une jeune femme, sa secrétaire, la suivait.

Les très beaux visages ne s'expliquent pas. Elle avait un long nez, une bouche, et une curieuse distance entre les yeux. C'était un visage à la fois ouvert et insaisissable. En quelque sorte, il exprimait une certaine indifférence envers la vie.

Lorsqu'il lui fut présenté, Guivi, l'acteur principal, sourit. Il avait de grandes dents, un espace entre les incisives et un grain de beauté au menton, défauts que l'on vénérait à l'époque. Il n'avait joué que dans quatre ou cinq films, il était devenu brusquement célèbre, la scène dans laquelle il était apparu pour la première fois étant souvent citée comme l'un des plus mémorables débuts au cinéma. C'était vrai. Il arrive souvent qu'une image survive, même quand les noms sont oubliés. Il lui avança une chaise. Elle répondit à peine aux présentations, c'est tout juste si l'on entendit sa voix.

Se penchant en avant, le metteur en scène se mit à parler. Ils répéteraient pendant dix jours dans cette salle nue. Anna écouta ses explications, le visage enfoui dans son col. Elle ne connaissait pas le réalisateur. C'était un homme de petite taille qui avait la réputation d'être dur à la tâche. Il exposait ses idées en postillonnant. Anna n'avait encore jamais répété son rôle dans un film. Ni pour Fellini ni pour Chabrol. Elle essaya de prêter attention à ce qu'il disait. Elle était très consciente de la présence des autres. Guivi fumait calmement une cigarette. Elle le regardait à la dérobée.

Assis autour de la table, ils commencèrent à lire le scénario. « N'essayez pas d'y trouver un sens, expliqua Iles, pas encore, ceci n'est qu'une première étape. » La salle était dépourvue de fenêtres. Impossible de savoir s'il faisait nuit ou jour. Leurs paroles semblaient s'élever et s'évanouir telle une fumée au-dessus d'eux. Guivi lisait son texte comme s'il posait sur la table des cartes de peu de valeur. C'était un passionné de bridge. Il passait ses nuits à y jouer. À un moment, lors d'une scène d'intimité, il toucha l'épaule d'Anna. La jeune femme ne sembla pas le remarquer. Elle était comme un lézard : seule sa gorge palpitait.

La fois suivante, il lui caressa les cheveux. Accompli avec tant de naturel qu'il en paraissait presque fortuit, ce geste la tranquillisa, dissipa ses craintes.

Dès la fin de leur séance de travail, elle s'enfuit. Elle retourna directement à l'Hôtel de la Ville. Sa chambre était encombrée d'objets. Sur le bureau s'empilaient des livres encore emballés de papier brun, des magazines en diverses langues, des lettres hâtivement lues. Elle avait une petite antichambre de forme irrégulière et, attenante à celle-ci, une chambre à coucher. Le lit était vaste. Comme dans un plan-séquence où, pour accroître notre appréhension, la caméra se promène d'un détail à un autre, la porte entrouverte de la salle de bains révélait un énorme assortiment de bouteilles, de parfums de couleur foncée, de médicaments, d'objets impossibles à identifier. Tout en bas, dans la Via Sistina, le bruit de la circulation.

Le lendemain, elle avait déjà fait des progrès, comme une femme décidée à travailler. Tout en lisant, elle repoussait ses cheveux en arrière. Elle se montra attentive ; une fois, même, elle éclata de rire.

Quelqu'un traversa la cour pour leur apporter de petites tasses de café.

– Que pensez-vous de notre lecture ? demanda Anna à l'auteur du script.

– Eh bien…, fit celui-ci.

C'était un homme indécis nommé Peter Lang ; autrefois il s'appelait Lengsner. Il avait vu Anna dans toute sa gloire, personnage de lumière ; il avait lu l'article sur elle et la lettre d'amour d'un admirateur qu'avait publiés *Bazaar*. On y parlait de sa modestie parfaite, de son intuition, de la forme de son visage. Sur la page opposée, il y avait une photo de la star. Il l'avait découpée et placée dans son journal intime. Le film qu'il avait écrit, cette œuvre importante du dernier-né des arts, existait déjà à l'état achevé dans son esprit. Il tirait sa force de sa chasteté, de la discipline de ses images. C'était un film qui agissait de manière indirecte, aussi calme en surface que la vie quotidienne, ce qui ne voulait pas dire immobile. Sous les apparences, il y avait des émotions d'autant plus fortes qu'elles étaient cachées. Par moments, telle la pointe menaçante d'un iceberg qui surgit du néant avant d'y replonger, la terreur se donnait à voir.

Quand Anna se tourna vers lui, il fut si bouleversé qu'il ne trouva rien à dire. Cela n'avait pas d'importance. Guivi apporta une réponse :

– Je crois que nous avons encore un peu peur de certaines phrases. Par endroits, votre texte est très difficile, vous savez.

– Eh bien…

– Presque impossible, en fait. Comprenez-moi : il est très bon, mais il doit être dit à la perfection.

Anna s'était déjà détournée pour parler au metteur en scène.

– Shakespeare est plein de ce genre de répliques, poursuivit Guivi.

Il se mit à citer *Othello*.

Puis ce fut au tour d'Iles d'exposer ses idées. Il

se jeta à l'eau. Pareil à un instituteur fou, il décrivit le film, moitié Freud, moitié courrier du cœur, découvrant des lignes directrices et des motifs profonds comme des rivières. Des membres de l'équipe s'étaient faufilés à l'intérieur ; ils écoutaient, groupés près de la porte. Guivi inscrivit quelque chose sur son script.

– Oui, oui, prenez des notes, approuva Iles. Je suis en train de dire des choses géniales.

L'interprétation d'un acteur devait se construire par couches successives, comme le glacis d'un tableau. Telle était sa méthode : on ajoutait ceci, puis cela, et ainsi de suite. Ainsi, elle s'amplifiait, s'enrichissait, s'approfondissait, engendrait des courants sous-jacents. À la fin, ils l'élagueraient, la réduiraient de moitié. C'était cela qu'il entendait par « bien jouer ».

Il confia à Lang :

– Je ne leur dis jamais tout. Prenez par exemple la scène de la clinique. Je dis à Guivi qu'il est en train de craquer, qu'il est sur le point de hurler. Très fort. Il doit se fourrer une serviette dans la bouche pour s'en empêcher. Puis, juste avant de tourner, je lui demande de se passer de serviette. Vous comprenez ?

Son énergie se communiqua aux acteurs. Ils furent saisis d'une sorte d'excitation fébrile. Iles les électrisait, c'était leur monde qu'il décrivait, puis démontait pour en révéler les merveilleuses complexités.

S'il était un génie, son œuvre, comme celle de Balzac, finirait par être couronnée. Lui aussi, il remplissait une page après l'autre, sans se lasser, des pages pleines d'idées sublimes ou triviales, de personnages extraordinaires, d'intuitions, de fragilité humaine, de stupidités. « Si je tourne deux films par an pendant trente ans… », disait-il. Ce projet, c'était sa vie.

Les limousines arrivèrent dès six heures. Le ciel retenait un reste de lumière, l'air avait déjà une fraîcheur automnale. Debout près de la porte, ils discutaient. Ils se séparèrent à regret. Iles les avait convertis, il était devenu leur maître. Avec un petit signe de la main, ils partirent chacun de leur côté, abandonnant Lang debout dans le crépuscule.

Il y eut des dîners. Anna était assise près de Guivi. C'était le quatrième jour. Elle appuya sa tête contre l'épaule de son partenaire. Ce dernier parlait de la bêtise des femmes. Elles n'étaient pas vraiment intelligentes, dit-il, il s'agissait là d'un mythe de la société occidentale.

– Je vais peut-être vous surprendre, dit Iles, mais savez-vous ce que je pense ? Je pense qu'elles ne sont pas aussi intelligentes que les hommes. Elles sont *plus* intelligentes.

Anna secoua légèrement la tête.

– Elles ne sont pas logiques, poursuivit Guivi. C'est contre leur nature. Toute la femme est ici. Il indiqua un endroit sous son estomac. Dans le ventre et pas ailleurs. Savez-vous qu'on ne trouve pas une seule très bonne bridgeuse ?

On aurait dit qu'Anna s'était rendue à toutes ses idées. Elle mangea en silence, touchant à peine au dessert. Elle se contentait d'être ce qu'il admirait dans une femme. Elle était consciente du pouvoir qu'elle exerçait, il lui rendait hommage chaque nuit, l'esprit ailleurs. Elle lui devenait déjà indifférente. Il accomplissait l'acte comme on joue avec une mauvaise donne : il en tirait le meilleur parti possible. Le nuage de substance blanche jaillissait de lui. Elle gémissait.

– En fait, je suis un romantique et un classique, dit-il. J'ai *presque* été amoureux deux fois.

Anna baissa les yeux, il lui chuchota quelque chose.

– Mais jamais vraiment, jamais profondément, ajouta-t-il. C'est mon plus cher désir. Je suis prêt pour cela.

En glissant sa main sous la table, Anna s'en aperçut. Armés de brosses, les serveurs enlevaient les miettes de la nappe.

Lang logeait à l'Inghilterra, dans une petite chambre sur le côté. Bien après la fin de la soirée, il continua à y penser. Il lava distraitement ses sous-vêtements. Quelque part dans cette ville aux volets clos, traversée par un fleuve noir, automnal, les deux acteurs étaient ensemble. Cette certitude ne lui inspirait aucune amertume. Couché dans son lit tel un étudiant pauvre – combien la vie changeait peu depuis le début jusqu'à la fin –, il s'endormit, agrippé à ses rêves. Les fenêtres étaient ouvertes. L'air froid se déversait sur lui comme la mer sur un marin aveugle, le trempant jusqu'aux os, inondant la pièce. Il était allongé, les chevilles croisées comme un martyr, le visage tourné vers Dieu.

Iles était descendu au Grand Hôtel. Il avait une suite pourvue de portes hautes et de planchers qui craquaient. Il entendait les femmes de chambre passer dans le couloir. Un rhume l'empêchait de dormir. Il appela sa femme aux États-Unis. Là-bas, la soirée commençait. Ils eurent une longue conversation. Iles était déprimé : Guivi ne savait pas jouer.

– Qu'est-ce que tu lui reproches ?

– Oh ! il n'a rien, ni profondeur ni émotion.

– Tu ne peux pas prendre quelqu'un d'autre ?

– C'est trop tard.

Il faudrait qu'ils s'en arrangent, dit-il. Il avait calé le téléphone sur l'oreiller, ses yeux erraient autour de la chambre. Il leur faudrait changer le personnage de telle sorte que le manque de naturel de Guivi en fît partie. Anna était bonne. Il était très satisfait d'elle. Eh bien, ils inventeraient quelque chose pour insuffler de la vie à ce film, pour faire voler des oiseaux morts.

À la fin de la semaine, ils répétaient debout. Comme il faisait froid, ils se déplaçaient dans la salle vêtus de leurs manteaux. Anna se tenait près de Guivi. Elle lui prenait sa cigarette des doigts et la fumait. Parfois, ils riaient.

Iles débordait d'activité. Les cheveux lui tombaient dans la figure, il expliquait l'intrigue, des détails. Il ne se fiait pas à ce que les acteurs pouvaient savoir, il organisait tout. Souvent, il associait une réplique à une action : un geste déclenchait des paroles. Ainsi Guivi, par exemple, prenait-il Anna par le coude. Et elle, sans le regarder, disait : « Va-t'en. »

Assis, Lang les observait. Parfois, les acteurs travaillaient tout près, juste devant lui. Il avait beaucoup de mal à être attentif. Anna disait *son* texte, des phrases qu'il avait inventées. Elles étaient pareilles à des chaussures. Anna les essayait, les trouvait belles ; elle ne pensait jamais à celui qui les avait créées.

– Comme actrice, Anna a un registre limité, lui confia Guivi.

Lang acquiesça. Il voulait en apprendre davantage sur ce monde secret des comédiens.

– Mais quel visage ! ajouta Guivi.

– Et quels yeux !

– Ils ont quelque chose d'un tout petit peu idiot, vous ne trouvez pas ?

Anna pouvait les voir discuter. Un peu plus tard, elle envoya quelqu'un auprès de Lang. Quoi qu'il ait pu dire à Guivi, elle voulait l'entendre aussi. Lang la regarda. Debout à l'autre extrémité de la pièce, elle ne lui prêtait aucune attention.

Lang était déconcerté, il se demandait si c'était sérieux. Oisifs, les seconds rôles étaient assis sur deux vieux canapés. Le sol était crayeux, leurs chaussures étaient poussiéreuses. Iles suivait les scènes de près, approuvant de la tête, oui, oui, très bon, excellent. La script marchait derrière lui, un chronomètre autour du cou. Elle avait quarante-cinq ans ; la nuit, elle avait mal aux jambes. Elle se déplaçait en prenant des notes, tout en veillant à ne pas poser le pied sur l'un des clous à moitié enfoncés dans le plancher.

Iles se tourna vers elle.

– Quelle est la durée de cette scène, mon chou ?

Il avait oublié son nom. Tout prenait toujours trop de temps. Il devait les presser, les forcer à être économes.

Enfin, il y eut la dernière épreuve, comme à l'école. Tout semblait parfait : les gestes, les rythmes qu'il avait inventés. Il les chronométra comme des coureurs. Deux heures et vingt minutes.

– Formidable, leur dit-il.

Cette nuit-là, à la fête donnée par le producteur, Lang s'enivra. Cela se passait dans un petit restaurant. L'entrée était pleine d'odeurs de nourriture et d'étalages de victuailles, les chefs saluèrent depuis la porte de la cuisine. Il y avait cinquante à cent personnes, serrées les unes contre les autres et parlant des langues différentes. Parmi elles, Anna brillait comme une reine. Elle arborait un bracelet neuf de chez Bulgari ; elle avait carrément demandé une remise au bijoutier, l'employé n'avait su que répondre. Elle portait un tailleur ajusté de couleur dorée qui laissait voir ses seins. Son étrange visage plat semblait flotter, dépourvu d'expression, au milieu des autres ; parfois, elle avait un léger et fugace sourire.

Lang était déprimé. Il ne comprenait pas ce qu'ils avaient fait, toutes ces exagérations le stupéfiaient, il ne croyait pas en Iles, en son énergie, en ses intuitions, il ne croyait en rien de tout ça. Il essaya de se raisonner. Il les voyait à la table d'honneur ; le producteur était assis à côté d'Anna. Ils bavardaient ; pourquoi était-elle si animée ? Ils se mettent à vivre dès que les lumières s'allument, dit quelqu'un.

Il regarda Guivi. Il pouvait voir Anna se pencher vers lui, ses longs cheveux, sa gorge.

– C'est idiot de faire ce film en couleurs, dit-il à son voisin de table.

– Comment ? C'était un administrateur d'une compagnie cinématographique. Il avait la figure d'un poisson, d'un bar qui se serait gâté. Que voulez-vous dire ?

– Mieux vaudrait le tourner en noir et blanc, précisa Lang.

– Qu'est-ce que vous racontez ? Un film en noir et blanc est invendable. La vie est en couleurs.

– La vie ?

– La couleur, c'est la réalité, déclara l'homme. Il était de New York. Les dix plus grands films de tous les temps, les vingt meilleurs, étaient tous en couleurs.

– Et que pensez-vous…, Lang essaya de se concentrer, son coude glissa de la table,… du *Voleur de bicyclette* ?

– Je vous parle de films modernes, moi.

II

Aujourd'hui, il a fait beau. Il écrivait en phrases brèves, désolées. *Hier, il a plu, il a fait sombre jusqu'à la fin de l'après-midi ; la veille, c'était pareil.* Les couloirs de l'Inghilterra étaient voûtés comme un couvent, les portes s'enfonçaient dans les murs. C'était malgré tout un endroit agréable, se disait-il. Le matin, il donnait ses chemises à laver à la femme de chambre ; celle-ci les lui rapportait le lendemain. Elle les blanchissait chez elle. Il l'avait vue se pencher pour prendre du linge dans un placard, découvrant le haut de ses bas – du pur Buñuel –, le blanc mystérieux d'une cuisse.

L'attachée de presse l'appela. Ils avaient besoin de renseignements pour sa biographie.

– Quel genre de renseignements ?

– Je vous envoie une voiture, dit-elle.

L'auto n'arriva jamais. Le lendemain, il prit un taxi et attendit une demi-heure dans son bureau : elle était chez le producteur. Enfin, elle revint. C'était une fille mince qui avait des taches de transpiration sous les aisselles.

– Vous m'avez demandé de venir ? fit Lang.

Elle ne savait pas qui il était.

– Vous deviez m'envoyer une voiture.

– Mr. Lang ! s'écria-t-elle soudain. Oh ! je suis désolée !

Des photos s'entassaient sur le bureau, les chaises étaient encombrées de journaux et de magazines. La fille était assistante, elle avait travaillé sur *Cléopâtre*, *La Bible*, *Le Jour le plus long*. On pouvait gagner pas mal d'argent avec les films américains.

– Ils m'ont mise dans cette pièce minuscule, dit-elle sur un ton d'excuse.

Elle s'appelait Eva. Elle vivait chez ses parents. Sa famille mangeait en silence, quatre personnes dans la tristesse d'un cadre bourgeois, la radio était en panne, de minces tapis couvraient le sol. Quand il avait terminé, son père se râclait la gorge. La viande était meilleure la dernière fois, disait-il. La *dernière* fois ? s'étonnait sa femme.

– Oui, elle était meilleure, maintenait-il.

– La dernière fois, elle n'avait aucun goût.

– L'avant-dernière fois, alors, disait-il.

Puis ils retombaient dans leur mutisme. On n'entendait plus que le bruit des fourchettes, et, parfois, celui d'un verre. Soudain, le frère se levait et quittait la pièce. Personne ne levait les yeux.

Il était fou, ce frère, enfin, peut-être pas complètement, mais assez pour les faire pleurer. Il restait des journées entières enfermé dans sa chambre. Il était écrivain. Mais il y avait un problème : toutes les choses intéressantes avaient déjà été écrites. Le frère avait traversé une période où il dévorait trois ou quatre livres par jour. Ensuite, il pouvait en citer de larges extraits, mais cette fièvre littéraire avait passé. Maintenant, il restait allongé sur son lit à contempler le plafond.

Les gens disaient qu'Eva était nerveuse. Bien sûr qu'elle l'était. Elle avait trente ans, des cheveux noirs, de petites dents et une vie dans laquelle elle avait déjà abandonné tout espoir. Elle n'avait aucun élément pour sa biographie, dit-elle à Lang. Or, il leur fallait une notice pour tous les participants au film. Elle finit par lui suggérer de la rédiger lui-même. Oui, évidemment, il avait prévu que ça se passerait ainsi.

Comme tous les Italiens, Eva était très sensible au problème des amis et des ennemis. Sa meilleure amie, son amie la plus utile, était une personne hystérique appelée Mirella Ricci. Celle-ci avait un grand appartement, des aspirations aristocratiques ainsi que les craintes et les maladies d'une femme seule. Les amis de Mirella étaient des homosexuels, des femmes divorcées ou séparées de leurs maris. Elle dînait avec eux, leur téléphonait plusieurs fois par jour. Elle avait de vastes narines, une peau pâle comme du papier, où elle discernait des taches blanches. Selon son médecin, il s'agissait de troubles circulatoires.

Elle travaillait sur le film, comme Eva. Les deux femmes parlaient de tout le monde. Iles, celui-là s'y connaissait en acteurs, disait Mirella. Quels que fussent ceux qu'on lui amenait, il choisissait toujours le meilleur, enfin, à l'exception de deux ou trois erreurs… Elles mangeaient ensemble au restaurant Otello où des tortues se baladaient librement. Mirella trouvait le scénario intéressant, mais elle n'aimait pas son auteur : il était froid. De plus, ça devait être un *frocio* ; elle pouvait reconnaître ce genre d'individus au premier coup d'œil. Quant au producteur… – elle émit un son dégoûté –, il se teignait les cheveux, affirma-t-elle. Il avait l'air d'avoir trente-neuf ans, alors qu'en réalité, il en avait cinquante. Il avait déjà essayé de la séduire.

– Quand ? demanda Eva.

Elles savaient tout. Elles étaient comme des infirmières dont toute tendresse a disparu. C'étaient elles qui dirigeaient l'infirmerie. Elles savaient ce que gagnait chacun et de qui il fallait se méfier.

Le producteur : tout d'abord, il était impuissant, dit Mirella. Quand il ne l'était pas, ça ne lui disait rien ; le reste du temps, il ne savait pas comment s'y prendre et, quand il y parvenait, ce n'était pas satisfaisant. Par-dessus le marché, c'était le genre d'homme perpétuellement en manque d'une fille.

Mirella avait des narines sombres. Dans les restaurants, elle exigeait qu'on la traitât comme il se doit.

– Comment va ton frère ? demanda-t-elle.

– Oh ! pareil.

– Toujours sans travail ?

– Il a un boulot dans un magasin de disques, mais il ne le gardera pas longtemps. Ils le mettront sûrement à la porte.

– Je me demande ce qui ne tourne pas rond chez les hommes.

– Je suis crevée, soupira Eva.

Elle travaillait tard, le manque de sommeil la rendait hagarde. Elle devait taper des lettres pour le producteur, une de ses secrétaires étant malade.

– Il a essayé de coucher avec moi aussi, admit-elle.

– Raconte-moi ça, dit Mirella.

– À son hôtel…

Mirella attendait.

– Je lui avais apporté quelques lettres. Il a insisté pour que je reste bavarder avec lui. Il m'a offert un verre. Pour finir, il a voulu m'embrasser. Il s'est agenouillé – moi, je me recroquevillais sur le canapé – et m'a dit : « Eva, vous sentez tellement bon ! » J'ai fait semblant de prendre tout ça à la rigolade.

Les joies de la rectitude morale. Elles conduisaient toutes deux de petites Fiat. Elles s'habillaient avec soin.

Le tournage se passait bien, ils avaient un jour d'avance sur le planning. Iles travaillait avec une sorte de formidable assurance. Chaussé de tennis, il rôdait autour de la grosse Mitchell noire, oubliant de déjeuner. On disait que les rushes étaient fantastiques. Guivi n'alla jamais les voir. Anna interrogea Lang à leur sujet : qu'en pensait-il ? Le scénariste s'efforça d'avoir une opinion. Elle y était très belle, lui dit-il – c'était vrai –, son visage avait une qualité qui illuminait tout le film... Il s'interrompit. Comme d'habitude, Anna ne l'écoutait plus. Elle s'était déjà tournée vers quelqu'un d'autre, vers le cameraman.

– Vous les avez vus ? lui demanda-t-elle.

Iles portait un vieux pull, ses cheveux lui tombaient dans la figure. Deux films par an, répétait-il... c'était la clé de voûte de tout ce à quoi il croyait. Eisenstein n'en avait fait que six en tout, mais il n'avait pas travaillé dans le système américain. En tout cas, Iles perdait son assurance quand il n'avait rien à faire.

Quelles que fussent ses faiblesses, il fit preuve d'une réelle grandeur en ne révélant jamais qu'il considérait déjà le film comme raté : Guivi n'était pas assez bon, il travaillait machinalement, comme on absorbe un repas. Iles connaissait bien les acteurs.

Adieu, Guivi. C'était l'annonce de sa mort. Déjà il commençait à entrer dans le passé. Il signait des autographes en découvrant l'espace entre ses incisives. Il charmait des journalistes. Il ne se doutait de rien. La victime parfaite. Le succès l'avait aveuglé. Il dînait aux meilleures tables, une bouteille de bon bordeaux devant lui. Il mimait l'attitude sotte d'Iles.

– Guivi, mon chou, susurrait-il, imitant le metteur en scène, le problème, c'est que tu es russe, c'est-à-dire lunatique et violent. Iles veut m'apprendre ce que c'est d'être russe. Bientôt, il va me décrire la vie sous le communisme.

Anna mangeait par bouchées petites et lentes.

– Tu sais quoi ? demanda-t-elle d'un ton calme.

Il attendit la suite.

– Je n'ai jamais été aussi heureuse.

– Vraiment ?

– De toute ma vie, assura-t-elle.

Guivi sourit. Un sourire d'opéra.

– Avec toi, je suis la femme que tout le monde croit que je suis, ajouta-t-elle.

Il la regarda longuement, au fond des yeux. Les siens étaient sombres, leurs pupilles à peine visibles. Des scènes d'amour jour et nuit, songea-t-il avec lassitude. Autour d'eux, des gens les observaient. Quand ils se levèrent pour partir, les serveurs se pressèrent à la porte.

Dans trois ans, sa carrière serait terminée. Il se verrait sur l'écran tremblotant d'un téléviseur comme s'il s'agissait de quelque rêve étrange. Il investissait son argent dans des immeubles, il possédait des terres en Espagne. Il deviendrait pareil à une femme, jaloux et rancunier ; un jour, peut-être, il apercevrait Iles assis dans un restaurant en train d'expliquer à un jeune acteur quelque idée tout à fait banale avec l'enthousiasme d'un fanatique. Guivi avait trente-sept ans. Il avait fait à l'écran une apparition inoubliable. Des affiches en couleurs à son effigie se décolleraient des murs de bâtiments de plus en plus écartés, la ressemblance s'effacerait peu à peu, son nom ne dirait plus rien à personne. Son sourire fleurirait dans les impasses, dans d'aigres ténèbres. Des chiens aboyaient au loin. Les rues sentaient le pauvre.

III

Pour l'anniversaire d'Anna, il y eut une fête dans un restaurant de la banlieue, celui-là même où Farouk, tombant à la renverse avec sa chaise, était mort. On n'avait pas invité tout le monde. C'était censé être une surprise.

Elle arriva avec Guivi. Ce n'était pas une femme, mais une déesse mineure, un bel animal inconscient de sa grâce. On était en février, il faisait froid. Les chauffeurs attendaient dans leurs voitures. Plus tard, ils se rassemblèrent sans faire trop de bruit dans le vestiaire.

– Tu vas être très, très contente, ma chérie, annonça Iles à Anna.

– Vraiment ?

Lui passant le bras autour de la taille, Iles se contenta d'acquiescer d'un signe de tête. Le tournage était presque terminé. Les rushes, dit-il, étaient les meilleurs qu'il eût jamais vus. De toute sa vie.

– Quant à ce garçon..., dit-il, tendant la main vers Guivi.

Le producteur se joignit à eux.

– Je vous veux pour mon prochain film, annonça-t-il, tous les deux.

Il portait un complet trop petit d'une taille, un complet de velours acheté Via Borgognona.

– Où avez-vous trouvé ça ? demanda Guivi. Ce costume est superbe ! Qui est censé être la vedette ici, hein ?

Posener baissa les yeux sur son vêtement. Il sourit comme un gamin pris en faute.

– Vous l'aimez ? fit-il. Vraiment ?

– Où l'avez-vous acheté ?

– Je vous en envoie un demain.

– Non, non…

– Guivi, je vous en prie. Cela me ferait plaisir.

Le producteur était plein de bonne volonté, le pire était passé. Les acteurs ne s'étaient pas enfuis, ils n'avaient pas refusé de travailler, en conséquence, il débordait d'amour pour eux, comme pour un enfant qui, à votre surprise, se montre sage. Il se sentait obligé de manifester sa reconnaissance.

– Garçon ! cria-t-il.

Il regarda autour de lui. Ses gestes semblaient toujours inefficaces.

– Garçon ! Du champagne !

Il y avait une vingtaine de personnes dans la pièce, d'autres acteurs, la femme américaine d'un comte. À table, Guivi raconta des histoires. Il buvait comme un prince géorgien, il débordait de projets : Genève, Gstaad. Il connaissait un producteur italien, dit Guivi, qui avait une actrice sous contrat, une deuxième Sophia Loren. Il avait fait fortune avec elle. Les films dans lesquels elle jouait ne passaient qu'en Italie, mais tout le monde allait les voir, l'argent rentrait à flots. Cependant, il veillait à garder les journalistes à distance, ne leur permettait jamais de parler à l'actrice quand celle-ci était seule.

– Sellerio, devina quelqu'un.

– C'est exact, dit Guivi. Connaissez-vous le reste de l'histoire ?

– Il l'a vendue.

– Oui, mais seulement la moitié du contrat, précisa Guivi. L'engouement pour cette actrice commençant à baisser, il voulait en tirer le maximum. Il y a eu une grande cérémonie, ils ont invité toute la presse. La vedette allait signer. Elle a pris le stylo et s'est penchée en avant pour les photographes, elle avait d'énormes… bref, sur le contrat, elle a écrit – de son doigt, Guivi traça un grand X. Les journalistes se regardaient, incrédules. Puis Sellerio s'est emparé du stylo, et, très digne, il a apposé sa signature juste au-dessous – Guivi dessina de nouveau un X, puis soigneusement, un autre à côté. Illettré. Je vous assure que c'est vrai. Ils lui ont demandé : « Et que représente le deuxième X ? » Vous ne savez pas ce qu'il leur a répondu : « *Dottore.* »

Les gens autour de Guivi se mirent à rire. Il leur raconta ensuite le tournage d'un film qu'il avait fait à Naples, avec un producteur si radin qu'il jetait un câble par-dessus ceux du trolley pour voler de l'électricité. Il était futé, Guivi, c'était un conteur dans la tradition orientale, il parlait trois langues.

Plus tard, quand elle comprit finalement ce qui s'était passé, Anna se rappela combien il avait eu l'air heureux ce soir-là.

– Et si on allait à l'Hostaria ? suggéra le producteur.

– Quoi ? fit Guivi.

– À l'Hostaria. Tout comme les serveurs, personne ne semblait l'entendre. Au Blue Bar. Allez, on va au Blue Bar, annonça-t-il.

Lang était garé devant le Jardin botanique ; dans le froid, les petites vitres de la voiture étaient gelées. Il était assis, les vêtements déboutonnés. À la lumière réfractée, sa chair paraissait pâle. Il avait dîné avec Eva. Elle avait parlé pendant des heures d'une voix basse, hésitante. C'était le genre de nuit à raconter des histoires. Elle lui avait parlé de tout, de Coleman, le directeur de la publicité, de Mirella, de son frère, de la Sicile, de la vie. Sur la route conduisant aux montagnes qui dominent Palerme, des voitures étaient garées à cinq heures de l'après-midi. Dans chacune d'elles, un couple, l'homme avec un mouchoir étendu sur les genoux.

– Je me sens si seule, dit-elle soudain.

Elle n'avait que trois amies, elle les voyait tout le temps. Elles allaient ensemble au théâtre, au ballet. L'une était actrice, l'autre, mariée. Elle se tut comme si elle attendait. Le froid envahissait tout, couvrait le verre. Son haleine était composée de cristaux visibles dans l'obscurité.

– Je peux l'embrasser ? demanda-t-elle.

Elle se mit à gémir comme si c'était un objet sacré, le touchant du front. Elle murmurait. Sa nuque était dégagée.

Elle l'appela le matin suivant. Il était huit heures.

– Je voudrais te lire quelque chose, dit-elle.

Lang était à moitié endormi, le vacarme de la circulation commençait déjà à monter de la rue. La chambre était froide et sombre. Dans l'écouteur, lointaine comme un vieux disque, la voix d'Eva. Elle entra dans son corps, domina son sang.

– J'ai trouvé ça, dit-elle. Tu m'écoutes ?

– Oui.

– J'ai pensé que ça t'intéresserait.

C'était un extrait d'article de journal. Elle commença à lire.

En février 1868, à Milan, le prince Umberto donna un superbe bal. On introduisit dans la salle ruisselante de lumières la jeune mariée qui serait un jour la reine d'Italie. Cette fête immense et gaie fut l'événement de l'année. Et pendant que le monde élégant se divertissait ainsi, au même moment et dans la même ville, un astronome solitaire découvrait une nouvelle planète, la quatre-vingt-seizième sur le diagramme de Chacornac…

Silence. *Une nouvelle planète.*

On aurait dit qu'un calme sacré était descendu sur son esprit encore chauffé par l'oreiller. Il était allongé comme un saint. Il était nu, ses chevilles, les os de ses hanches, sa gorge.

Il entendait Eva l'appeler. Il ne répondit pas. Couché, il rapetissait de plus en plus, puis il disparut. La chambre devint une fenêtre, une façade, un groupe de bâtiments, des places et des quartiers et, finalement, la totalité de Rome. Il connaissait une extase inouïe. Les toits des grandes cathédrales brillaient dans l'air hivernal.

Fils perdus

Tout l'après-midi, des voitures, dont un grand nombre étaient immatriculées dans d'autres États, n'avaient cessé d'arriver par la route. On voyait se dresser la longue rangée de hautes casernes en brique, puis les murs gris commençaient.

Dans la partie réservée à la réception, une fête de bienvenue battait son plein. Certains visages avaient à peine changé, d'autres, comme celui de Reemstma, obligeaient plus d'un à lire le carton d'identification. Un type muni d'un appareil photo et d'un flash se baladait en peignoir de cadet. Plus loin, dans les chambrées, on buvait. Des voix s'échappaient par les portes ouvertes.

– Croche-Pif va venir, promit bruyamment Dunning. Il y avait une bouteille sur le bureau, à côté de ses pieds. Il viendra, ne vous inquiétez pas. Il me l'a dit dans sa lettre.

– Une lettre ? Klingbeil n'écrivait jamais.

– C'est sa secrétaire qui l'a rédigée, précisa Dunning. Grand et bien nourri, il ressemblait à un juge. Ses lunettes lui donnaient un petit air raffiné. Il lui apprend à écrire.

– Où vit-il maintenant ?

– En Floride.

– Vous vous rappelez la fois où on est rentrés à Buckner à deux heures du mat', et qu'on a vu une voiture débouler ?

Dunning essayait de prendre une expression sérieuse.

– On a plongé derrière les buissons. C'était un taxi. Le chauffeur a freiné à mort. Puis il a fait marche arrière, la portière s'ouvre, et qui voyons-nous, affalé sur la banquette arrière ? Klingbeil en personne. Il était soûl comme un Polonais. « Montez les gars », il a dit.

Dunning rugit de rire. Sa chemise ornée de rangées de rubans de couleur était déboutonnée, le volume de ses cuisses laissait présager un imposant fessier.

– Et le jour où on a jeté le livre d'espagnol de Devereaux, avec toutes ses notes, par la fenêtre ? reprit-il. Dans la neige. Il ne l'a jamais retrouvé. Fou de rage, il était ! « Bande de salauds, je vous tuerai ! »

– Ç'aurait pu être un type formidable s'il n'avait pas partagé une chambre avec toi.

– On essayait d'élargir son horizon, expliqua Dunning.

Ils jouaient au naufrage du *Bismarck* pendant que Devereaux étudiait. Klingbeil avait le rôle du capitaine. Ils sautaient sur les tables. *Der Schiff ist kaputt !* hurlaient-ils. Ils tiraient le canon. Le gouvernail était bloqué, ils tournaient en rond. Devereaux était assis la tête baissée, les mains sur les oreilles. « La ferme, bande de salauds ! » criait-il.

Bush, Buford, Jap Andrus, Doane et George Hilmo étaient assis sur les lits et les rebords de fenêtre. Un visage hésitant apparut à la porte.

– Qui c'est, celui-là ?

C'était Reemstma. Personne ne l'avait vu depuis des années. Ses cheveux grisonnaient. Il eut un sourire contraint.

– Qu'est-ce qui se passe ici ?

Ils le regardèrent.

– Entre boire un verre, finit par dire quelqu'un.

Il se trouva assis à côté d'Hilmo qui tendit le bras pour lui serrer la main d'une poigne de fer.

– Comment vas-tu ? Les autres continuaient à parler. Tu as l'air en pleine forme.

– Toi aussi.

Hilmo parut ne pas entendre.

– Où tu habites ? demanda-t-il.

– À Rosemont. Rosemont, New Jersey. La famille de ma femme est de là-bas, l'informa Reemstma.

Il parlait avec une étrange intensité. Il avait toujours été bizarre. Tout le monde se demandait comment il avait pu terminer ses études. Il était bon en classe, mais l'image qu'on gardait de lui était celle d'un garçon désorienté par l'entraînement en rang serré ; il ne sembla maîtriser cet exercice qu'au bout de deux ans et, même alors, il montrait la raideur d'un chat qui essaie de nager. Il avait des lèvres charnues, ce qui lui avait valu un surnom peu flatteur. On le connaissait aussi sous celui de « À l'Arrière Marche » en raison des désastres qu'il provoquait quand il était en tête.

On lui tendit un gobelet en carton déjà utilisé.

– Qui a apporté cette bouteille ? demanda-t-il.

– Je ne sais pas, répondit Hilmo. Tiens.

– Il va y avoir du monde ?

– Tu en poses des questions, mon vieux !

Reemstma se tut. Pendant une demi-heure, les autres racontèrent des histoires. Il s'installa près de la fenêtre ; de temps en temps, il plongeait le regard dans son gobelet. Dehors, l'horloge avec ses chiffres noirs commençait à briller. West Point s'étendait avec majesté dans le soir naissant, le feuillage de ses nobles arbres parfaitement immobile. Au-dessous coulait la rivière silencieuse, des îles mystérieuses flottaient dans le crépuscule. Près du coin de la bibliothèque, un prévôt dont le bras bougeait avec précision dirigeait la circulation au-delà d'un panneau indiquant la réunion de 1960. Le Vietnam s'était abattu sur cette promotion comme la pluie d'étoiles de 1915 et 1931. Au loin, on entendait le bruit assourdi d'un train.

L'heure du dîner approchait. Des cris de bienvenue, un bruit de conversation montaient encore parfois de l'étage inférieur. On entendait des gens descendre lentement l'escalier.

– Dis donc, qu'est-ce que c'est que ce machin que tu portes ? demanda soudain quelqu'un.

Reemstma baissa les yeux. C'était une cravate rouge imprimée de fleurs, que sa femme avait confectionnée. Avant de sortir, il en mit une autre.

– Salut là-dedans !

Un personnage à cheveux blancs portant un brassard indiquant l'année 1930 déambulait tranquillement tout seul.

– De quelle promotion es-tu ?

– 1960, répondit Reemstma.

– J'étais justement en train de me demander ce qu'ils étaient tous devenus. C'est difficile à imaginer, mais de mon temps, il y avait des gars ici qui faisaient leur valise au bout de quelques semaines et qui rentraient chez eux sans prévenir personne. Tu te rends compte ? 1960, tu dis ?

– Exact.

– As-tu jamais entendu parler de Frank Kissner ? J'étais son chef d'état-major. Un vrai dur. Il commandait un régiment en Italie. Un jour, Mark Clark s'amène en voiture et dit : « Frank, viens ici un moment, j'ai à te parler. – Je n'ai pas le temps, je suis trop occupé », répond Frank.

– Pas possible !

– Mark Clark dit : « Écoute, Frank, je veux te nommer général de brigade. – Alors, j'ai le temps », dit Frank.

Le mess dans lequel se tenait le dîner des anciens élèves s'étendait devant eux, portes ouvertes. Ses dimensions avaient toujours été impressionnantes, mais il semblait avoir doublé de proportions ; aussi loin que portait le regard, on voyait le blanc des nappes. Les bars étaient pris d'assaut, quinze à vingt rangées d'hommes attendaient patiemment. Beaucoup de femmes étaient en robe du soir. Et, couvrant le tout, le brouhaha des conversations.

Il y avait ceux qui respiraient la réussite, tel Hilmo avec son costume d'été gris à l'éclat métallique et auquel tout le monde semblait vouloir parler, bien qu'il eût tendance à tomber dans d'abrupts silences. Et il y avait aussi les inaltérables héros, ceux qui avaient été élèves-officiers, soudain ressuscités. Leur allure d'autrefois n'avait pas toujours résisté au temps. Parmi ceux qui occupaient maintenant un rang élevé, il y avait des hommes qui, à l'époque de leurs études, avaient été relativement médiocres. Reemstma, qui avait perdu contact, s'en étonna un peu. Pour lui, la hiérarchie n'avait jamais changé.

Un visage terrifiant tout couperosé apparut soudain. C'était Cramner. Autrefois, il habitait à l'autre bout du couloir.

– Salut, Eddie, comment va ?

Il tenait deux verres. Il avait quitté l'armée juste un an plus tôt, dit-il. Il travaillait pour un cabinet juridique à Reading.

– Tu es avocat ?

– Je suis chef de bureau, expliqua Cramner. Tu es marié ? Ta femme est ici ?

– Non.

– Pourquoi ?

– Elle n'a pas pu venir, répondit Reemstma.

Quand il avait rencontré sa femme, il avait trente ans. Quelle raison aurait-elle de l'accompagner ? avait-elle demandé. Dans un sens, il était content qu'elle fût restée à la maison. Ici, elle ne connaissait personne et, à la moindre occasion, elle aurait orienté la conversation vers la religion. Il y aurait eu deux personnes bizarres au lieu d'une. Bien entendu, il ne se considérait pas vraiment comme bizarre, c'était seulement aux yeux des autres qu'il l'était. Et encore, ce n'était pas sûr. On le saluait, on lui parlait. C'étaient surtout les femmes, ignorantes des jugements établis, qui se montraient aimables. Reemstma se trouva en train de bavarder avec l'épouse pleine d'entrain d'un camarade de classe dont il se souvenait à peine, R.C. Walker, un homme maigre au sourire légèrement sardonique.

– Vous êtes quoi ? s'étonna-t-elle. Peintre ? Vous voulez dire artiste ?

Elle avait d'épais cheveux blonds qui frisaient naturellement, des joues d'une agréable douceur et un très vague double menton.

– C'est fabuleux ! Elle appela une amie. Nita, il faut que je te présente quelqu'un. C'est Ed, n'est-ce pas ?

– Ed Reemstma.

– Il est peintre, annonça Kit Walker avec exubérance.

Reemstma était grisé par l'attention qu'on lui accordait. Quand ses deux interlocutrices apprirent qu'il parvenait même à vendre ses toiles, elles s'intéressèrent encore davantage à lui.

– Vous pouvez en vivre ?

– En fait, j'ai des clients en liste d'attente.

– Pas possible !

Il se mit à leur décrire la couleur, la lumière – il peignait des paysages – de la campagne près du Delaware, la forme de la terre, ses sillons, ses haies, la façon dont les choses changeaient légèrement d'une année à l'autre, de petites choses, la difficulté de représenter le ciel. Il décrivit le superbe vert d'un colibri que sa femme lui avait apporté. Elle l'avait trouvé dans le garage ; il était mort, bien sûr.

– Mort ? fit Nita.

– Il avait les yeux fermés. Sans ce détail, on ne l'aurait jamais cru.

Il avait un sourire presque mélancolique. Nita hocha la tête avec prudence.

Plus tard, on dansa. Reemstma aurait bien voulu continuer à bavarder, mais les gens s'éloignèrent. Après le dîner, les tablées se fragmentèrent en groupes d'amis.

– À tout à l'heure, dit Kit Walker.

Il la vit parler à Hilmo qui le salua d'un geste bref de la main. Il flâna pendant un moment. On jouait *Army Blue*. Une vague de tristesse l'envahit, le souvenir de défilés, de fins de bals, de vacances de Noël. Quatre ans d'école, ceux des dernières classes partant pleins de fierté et d'espoir remplacés par des nouveaux aux visages inconnus. C'était fini, mais personne ne tourne complètement le dos à un tel passé. La vie qu'il aurait pu mener lui revint presque intacte à l'esprit.

Tard le soir, cinq ou six hommes s'installèrent sur les marches, devant les chambrées. Reemstma s'assit avec eux. Désireux de ne pas rompre le charme, il se taisait. Il redevenait l'un d'eux, comme il l'avait été lors des nuits fiévreuses où ils nettoyaient leurs fusils et faisaient étinceler leurs souliers. La brume de juin recouvrait la vaste étendue qui le séparait de ces interminables corvées qu'il avait accomplies autrefois. Comme il s'y était investi ! Avec quelle ferveur il avait cru en l'image du soldat ! Pour lui, ç'avait été une foi, il s'y était accroché aveuglément, comme un infirme s'accroche à Dieu.

Tôt le lendemain, Hilmo descendit prestement l'escalier, son short de tennis enserrant ses jambes musclées, et disparut par une des poternes pour faire une partie matinale. Il était toujours aussi insouciant. On disait qu'avant le match contre Penn State, quand Hilmo était le meilleur athlète sélectionné, l'entraîneur, pour les encourager, leur avait assuré que non seulement ils allaient battre Penn State, mais qu'ils allaient les battre par deux touchés-en-but, puis se tournant vers Hilmo, il avait demandé :

– Et qui sera le plus grand arrière de l'Est ?

– Je ne sais pas. Qui ? avait répondu Hilmo.

Une matinée vide. Comme d'habitude, il n'y avait pas grand-chose à faire à part du sport. Vers dix heures, ils formèrent les rangs pour se rendre à une commémoration au coin de la Plaine. Pendant que le chœur chantait *The Corps*, ils se mirent au garde-à-vous devant une statue de Sylvanus Thayer. L'un d'eux était coiffé d'un chapeau de cow-boy. Les voix vous donnaient le frisson, les strophes solennelles, contrapuntiques, s'élevaient dans l'air. Derrière Reemstma, quelqu'un murmura : « Tu sais, les meilleurs amis que j'aie jamais eus ou que j'aurai jamais sont ceux que j'avais ici. »

Ensuite, ils allèrent occuper leur place sur le champ de manœuvre. Le directeur, un général de corps d'armée tiré à quatre épingles, se tenait près de son état-major et de l'élève le plus ancien. Celui-ci était assis dans un fauteuil roulant.

– Regarde-le, dit Dunning. Il parlait du directeur. Voilà ce qui cloche ici. Voilà ce qui cloche avec toute l'armée.

De faibles vagues de musique de fanfare déferlaient. Il faisait chaud. Des abeilles voletaient dans l'herbe. Les petites formations d'élèves commencèrent à défiler, leur baïonnette étincelant au soleil. Au-dessus, se détachant contre le ciel, se dressait un élégant bâtiment isolé, une réplique, en fait. La chapelle. Tous ces dimanches avec leurs sermons virils sur la vertu et le chœur scintillant marchant vers la porte d'un pas gracieux, cadencé, des galons dorés brillant sur les manches de ceux qui étaient en tête ! Au-dessous, à moitié caché, se trouvait le gymnase avec son inquiétante patine noire qui couvrait toute chose, le plancher, les murs, les lourds gants de boxe. Il y avait là, enchâssés, des champions indétrônables, des maximes indélébiles.

Au pique-nique, on annonça que sur les 550 membres fondateurs, 529 étaient vivants et 176 présents jusque-là.

– Sans compter Klingbeil.

– O.K., 176 plus un éventuel Klingbeil.

– Un impossible Klingbeil ! cria quelqu'un.

On entendit quelques acclamations.

Des tables étaient dressées au bord du lac, dans un grand pavillon à treillage. Reemstma partit à la recherche de Kit Walker. Il l'avait aperçue un peu plus tôt dans la queue qui s'était formée devant le buffet, mais il ne put la retrouver. Elle semblait avoir disparu. Le président de la promotion était en train de parler.

– Nous avons reçu une carte de Joe Waltsak. Joe a quitté l'armée cette année. Il voulait venir, mais sa fille passe son bac. Je ne sais pas si vous connaissez l'histoire suivante. Joe vit à Palo Alto. Or, un projet avait été déposé devant l'assemblée législative de Californie pour débaptiser toute rue où vivait un Américain à cent pour cent et lui donner le nom de celui-ci. Joe habite Parkwood Drive. Ils allaient nommer sa rue Waltsak Drive, mais comme la loi n'est jamais passée, les gens du coin appellent notre camarade Joe Parkwood.

Ensuite, on procéda aux élections. Le trésorier et le vice-président de la promotion ne se représentaient pas. Il fallait nommer des remplaçants.

– Prenons quelqu'un de différent pour changer, suggéra un des membres à voix basse.

– Quelqu'un que nous connaissons, dit Dunning.

– Tu veux être candidat, Mike ?

– Oui, bien sûr, ça serait fantastique, marmonna Dunning.

– Et pourquoi pas Reemstma ? fit Cramner.

Les bourgeons de l'alcoolisme enflammaient son visage. Son sourire découvrait des dents aux bords irréguliers, comme rongés.

– Bonne idée.

– Qui, moi ? s'écria Reemstma.

Décontenancé, il promena un regard surpris autour de lui.

– Oui, qu'en penses-tu, Eddie ?

Il n'aurait su dire s'ils étaient sérieux. Ils faisaient toujours preuve d'une telle désinvolture – la façon, par exemple, dont ils avaient sorti Grant de son obscurité un soir qu'il était assis sur un banc à Saint Louis. Tout rouge, Reemstma bredouilla une protestation.

On suggéra d'autres candidats. Reemstma sentait son cœur battre très fort. Il avait cessé de dire non, non, et restait assis là, la bouche entrouverte, déconcerté. Il n'osait pas regarder les autres. Il secoua légèrement la tête. Une main se leva.

– Je propose qu'on mette fin aux nominations.

Reemstma se sentit ridicule. Une fois de plus, il était tombé dans le panneau. Il eut l'impression d'avoir été trahi. Personne ne faisait attention à lui. Ils comptaient les mains levées.

– Tu n'as pas le droit de voter, voyons, dit quelqu'un à sa femme.

– Ah bon ?

En faisant un tour en fin d'après-midi, Reemstma aperçut enfin Kit Walker. Elle réagit d'une façon un peu bizarre. D'abord, elle parut ne pas le reconnaître. Une tache d'herbe s'étalait au dos de sa jupe blanche.

– Oh, bonjour ! dit-elle.

– Je vous cherchais.

– Puis-je vous demander un service ? fit-elle. Cela vous ennuierait d'aller me chercher quelque chose à boire ? J'ai l'impression que mon mari fait semblant de ne pas me connaître.

Bien que caché aux yeux de Reemstma, il y avait

quelqu'un d'autre qui faisait semblant de ne pas la connaître : Hilmo. Il se tenait à quelque distance de là. Kit et lui avaient pris soin de revenir séparément au pavillon. Des amis sur le point de se dire au revoir bavardaient par petits groupes, leurs visages sombres se détachant contre l'eau étincelante du lac. Reemstma revint, portant un peu de vin dans un gobelet en plastique.

– Voilà. Quelque chose ne va pas ?

– Merci. Non, pourquoi ? Vous êtes vraiment très gentil, vous savez. Zut !

Elle avait vu quelque chose par-dessus l'épaule de Reemstma.

– Que se passe-t-il ?

– Rien de grave, mais j'ai l'impression que nous partons.

– Oh ! c'est dommage ! réussit-il à articuler.

– Rick est là-bas, près de la porte. Vous le connaissez : il déteste qu'on le fasse attendre.

– J'espérais pouvoir bavarder un moment avec vous.

Il se tourna. Walker se tenait dehors, au soleil. Il portait une chemise hawaïenne et un pantalon beige. Il avait l'air un peu distant. Reemstma l'envia.

– Nous devons rentrer à Belvoir ce soir, expliqua-t-elle.

– Oui, évidemment, ce n'est pas la porte à côté.

– Eh bien, j'ai été ravie de faire votre connaissance, dit-elle.

Elle posa son gobelet de vin encore intact sur un coin de table. Reemstma la regarda s'éloigner. Elle était différente des autres femmes, se dit-il. Il la vit se diriger vers leur voiture. Avait-elle des enfants ? se surprit-il à penser. Le trouvait-elle vraiment intéressant ?

Peu de temps avant le crépuscule, à six heures du soir, il entendit du bruit et regarda dehors. Venant à leur rencontre, l'invincible collégien traversait le terrain, les jambes aussi longues que celles d'un héron. L'ancien officier d'infanterie avait maintenant une petite bedaine bien ronde. Il agitait les deux bras.

Dunning hurlait du haut d'une fenêtre.

– Croche-Pif !

– Regardez qui j'ai attrapé ! répondit Klingbeil.

C'était Devereaux, l'érudit martyr. S'étreignant mutuellement, ils marchaient ensemble, souriants, amis depuis les jours d'école, amis pour la vie. Ils commencèrent à monter l'escalier.

– Croche-Pif ! cria Dunning.

Klingbeil ouvrit les bras en un geste de joie parodique.

Il était fils d'officier. Enfant, il avait navigué sur la Matson Line et traversé le pays en tous sens. Il racontait des histoires de séduction dans une couchette inférieure. « Mon fils, mon fils », gémissait-elle. Il était incorrigible, il avait quelque chose d'un peu vulgaire, ses hommes l'adoraient. Avançant trop lentement en grade, il avait quitté l'armée pour devenir promoteur. Il conduisait une Cadillac verte célèbre dans tout Tampa. C'était un champion de poker, un buveur, un noctambule.

Elle ne devait pas avoir parlé sérieusement, conclut Reemstma. Il savait ces choses par expérience. Il détectait toujours les mensonges.

– Mais bien sûr ! lui disaient les épouses. Je crois avoir entendu mon mari parler de vous.

– Je ne le connais pas, répondait Reemstma.

Un moment d'inquiétude.

– Mais si, voyons ! N'êtes-vous pas de la même promotion ?

Il les entendait chahuter en bas.

– *Der Schiff ist kaputt !* hurlaient-ils. *Der Schiff ist kaputt !*

Akhnilo

Fin août. Dans le port, les bateaux étaient immobiles. Pas le plus petit balancement de mâts, pas le plus léger cliquetis de poulie. Les restaurants étaient fermés depuis longtemps. Parfois, une voiture aux phares éblouissants traversait le pont du côté de North Haven ou tournait dans Main Street, longeant les cabines téléphoniques aux combinés cassés. Sur la grand-route, les discothèques se vidaient. Il était trois heures passées.

Fenn se réveilla dans l'obscurité. Il crut avoir entendu quelque chose, un faible son : le grincement d'un ressort, celui de la porte-moustiquaire de la cuisine. Il resta allongé dans la chaleur. Sa femme dormait paisiblement. Il attendit. Bien qu'il y ait eu beaucoup de cambriolages, et pire encore, plus près de la ville, la maison n'était pas fermée à clé. Il entendit un bruit sourd. Il ne bougea pas. Plusieurs minutes s'écoulèrent. Silencieusement, il se leva et se dirigea vers l'étroite embrasure d'où quelques marches descendaient vers la cuisine. Il se tint là un moment. Rien. Un autre bruit sourd et une plainte : Birdman avait sauté en un endroit différent du plancher.

Dehors, les arbres ressemblaient à des reflets noirs. Pas une étoile. Les grésillements d'insectes qui emplissaient la nuit constituaient les seules galaxies. Il regarda par la fenêtre ouverte. Il n'était toujours pas certain d'avoir entendu un autre bruit. Les feuilles de l'énorme hêtre qui dominait le porche étaient à portée de sa main. Pendant un instant qui lui parut interminable, Fenn scruta la zone obscure autour du tronc. Le calme ambiant le fit se sentir très visible, mais aussi étrangement réceptif. Ses yeux errèrent sur les choses qui se trouvaient derrière la maison : les pâles colonnes corinthiennes de la tonnelle du voisin, la haie mystérieuse, le garage avec ses rebords de fenêtres pourris. Rien.

Bien qu'il eût étudié à Dartmouth et obtenu un diplôme d'histoire, Eddie Fenn exerçait la profession de menuisier. La plupart du temps, il travaillait seul. Il avait trente-quatre ans, des cheveux clairsemés et un sourire timide. Il n'était guère bavard. On aurait dit qu'il y avait en lui quelque chose de réprimé. Quand il était plus jeune, on considérait cela comme une sorte de talent, mais il n'avait jamais largué ses amarres. Dans la vie, il avait navigué au plus près des côtes. Son épouse, une grande femme myope, était originaire du Connecticut. Son père avait été banquier. *À Greenwich et à La Havane*, avait dit la notice nécrologique ; quand elle était petite, il dirigeait une succursale new-yorkaise là-bas.

C'était l'époque où La Havane était une légende et où des millionnaires se suicidaient après avoir fumé un dernier cigare.

Des années avaient passé. Fenn regarda la nuit. Il eut l'impression d'être le seul à écouter un océan infini de cris. Son immensité le bouleversa. Il pensa à tout ce qu'il recouvrait, les actes désespérés, les désirs, les surprises fatales. Cet après-midi-là, il avait vu un rouge-gorge picoter quelque chose près du bord de la pelouse, le saisir dans son bec, le lancer en l'air, le rattraper : un crapaud déployait ses pattes raidies. L'oiseau l'avait de nouveau lancé en l'air. Dans leurs tanières, les musaraignes aveugles chassaient inlassablement, les langues fourchues des reptiles goûtaient l'air ; il y avait le bruit d'abdomens broyés, la passivité des victimes piégées, les doux mouvements de l'accouplement. Ses filles dormaient au bout du couloir. On n'est jamais en sécurité plus d'une heure.

Alors qu'il se tenait là, le son parut changer sans qu'il sût comment. On eût dit qu'il se divisait pour permettre à quelque chose d'en jaillir, quelque chose de brillant et de lointain. À mesure que le chant du grillon ou de la cigale – non, c'était autre chose, un cri fébrile, étrange – se précisait, il essaya de l'identifier. Mais plus il écoutait avec attention, plus le bruit lui échappait. Il n'osait bouger de peur qu'il ne disparût. Il perçut le doux appel d'un hibou. L'opacité noire des arbres parut se dissoudre, livrant le passage à cette unique note aiguë.

Subrepticement, la nuit s'était ouverte. Le ciel se

découvrait, les étoiles scintillaient faiblement. La ville dormait. Trottoirs déserts, pelouses silencieuses. Au loin, parmi des pins, se dressait le faîte d'une grange. Le cri provenait de là-bas. Fenn était toujours incapable de l'identifier. Il avait besoin de se rapprocher, de descendre l'escalier et de sortir, mais, ce faisant, il risquait de le perdre : celui qui l'émettait risquait de se taire, de sentir une présence.

Fenn eut une pensée troublante qu'il ne put chasser : cette chose était *consciente*. Ce cri frémissant, là-bas, ce cri qui se répétait à l'infini au-dessus de tous les autres bruits, semblait ne s'adresser qu'à lui. Son rythme était irrégulier. D'abord rapide, il hésitait, reprenait. De moins en moins un cri instinctif, c'était davantage une sorte de signal, un code, un son qu'il n'avait encore jamais entendu, non pas une série d'impulsions courtes et longues, mais quelque chose de plus compliqué. En un sens, cela ressemblait à la parole. Cette idée effraya Fenn. Les mots, si c'en étaient, paraissaient perçants, ténus, mais en les discernant, Fenn se mit à trembler comme s'il s'agissait de la combinaison d'une chambre forte.

Sous la fenêtre s'étendait le toit de la véranda. Il s'inclinait doucement. Fenn resta là, parfaitement immobile, comme perdu dans ses pensées. Son cœur battait à tout rompre. Le toit semblait aussi large qu'une rue. Il lui faudrait sortir par là en espérant que personne ne le verrait, avancer doucement, silencieusement, s'arrêtant pour écouter si le son auquel il était devenu tellement sensible avait changé. L'obscurité ne le protégerait pas. Il pénétrait dans une nuit remplie d'innombrables réseaux, d'yeux fureteurs. Il se demandait s'il devait se lancer dans cette expédition, s'il oserait le faire. Une goutte de sueur glissa sur son flanc nu. L'appel continuait inlassablement. Les mains de Fenn tremblaient.

Détachant la moustiquaire, il la descendit soigneusement et l'appuya contre la maison. Sans bruit, comme un serpent, il traversa le toit d'un vert délavé. Il regarda en bas. Le sol semblait loin. Il lui faudrait pendre de la gouttière et se laisser choir, léger comme une araignée. Il continuait à voir le faîte de la grange. Il s'avançait en direction de l'étoile polaire, il la sentait. C'était presque comme s'il tombait. Cet acte donnait le vertige, il était irréversible. Il l'emmenait quelque part où rien de ce qu'il possédait ne le protégerait, il l'emmenait là-bas pieds nus, et seul.

Alors qu'il sautait à terre, Fenn se sentit parcouru d'un frisson d'excitation. Il allait être sauvé. Sa vie ne s'était pas développée conformément à ce qu'il avait pensé, mais il continuait à se considérer comme quelqu'un de spécial qui n'appartenait à personne. En fait, pour lui, l'échec était romantique. Il en avait presque fait son but. Il sculptait, ou avait sculpté, des oiseaux. Les outils et des morceaux de bois partiellement formés se trouvaient sur une table du sous-sol. À une certaine époque, il avait failli devenir naturaliste. Quelque chose en lui, son silence, son acceptation de la solitude, s'y prêtait. Au lieu de cela, il se mit à construire des meubles avec un ami qui avait un peu d'argent, mais l'affaire fit faillite. Il buvait. Un matin, il se réveilla couché à côté de sa voiture, dans les ornières usées de son allée, tandis que la vieille femme qui vivait en face rappelait son chien. Il entra dans la maison avant que ses enfants ne l'aient vu. Il était au bord de l'alcoolisme, lui dit franchement son médecin. Ces paroles l'étonnèrent. Mais c'était de l'histoire ancienne. Sa famille l'avait tiré de là, non sans y mettre le prix.

Fenn s'arrêta un instant. Sous ses pieds, la terre était ferme et sèche. Il se dirigea vers la haie et franchit l'allée du voisin. Le son qui le bouleversait tant était devenu plus net. Le suivant, il contourna des maisons qu'il reconnut à peine de derrière, traversa des cours négligées où des boîtes de conserve et des ordures étaient cachées dans l'herbe sombre, longea des remises vides qu'il n'avait jamais vues. Le terrain commençait à s'incliner doucement, il approchait de la grange. Il pouvait entendre la voix, *sa* voix, se déverser sur lui. Elle venait d'un certain endroit, de ce triangle fantomatique en bois qui se dressait tel le versant d'une montagne lointaine qu'un virage aurait inopinément rapproché. Craintif comme un explorateur, il se dirigea vers lui à pas lents. Il pouvait entendre le mince ruisseau de trilles au-dessus de lui. Terrifié par sa proximité, il s'immobilisa.

Tout d'abord, se rappela-t-il plus tard, cela n'avait pas eu de signification, c'était trop brillant, trop pur. Le son continuait à couler, devenait de plus en plus fou. Il ne pouvait ni l'identifier, ni le reproduire, ni même le décrire. Le cri avait grandi, écartant tout le reste. Renonçant à le comprendre, il le laissa parcourir son être, l'envahir comme un chant. Lentement, comme un dessin qui change quand on le regarde fixement et qui se met à glisser vers une autre dimension, le son, inexplicablement, se modifia, révélant sa véritable nature. Il commença à le reconnaître. C'était bien des mots. Ils n'avaient pas de sens, pas d'antécédents, mais ils formaient incontestablement un langage. C'était le premier qu'il eût jamais entendu, en provenance d'un ordre plus vaste et plus dense que le nôtre. Tout en haut, sur la surface blanche, le pionnier anonyme lançait des appels désespérés.

Dans une sorte d'extase, il se rapprocha encore. Aussitôt, il se rendit compte que c'était une erreur. Le son hésita. Angoissé, Fenn ferma les yeux, mais il était trop tard : le cri faiblit, s'interrompit. Il se sentit stupide, honteux. Il recula un peu, impuissant. Des voix résonnaient tout autour de lui. Elles emplissaient la nuit. Il se tourna d'un côté, puis de l'autre, mais la chose qu'il avait entendue avait disparu.

Il était tard. Une première lueur était apparue dans le ciel. Fenn se tenait dans la grange avec les fragments d'un rêve, un de ces rêves qu'on a du mal à se rappeler : quatre mots distincts, inimitables, qu'il avait distingués. Il les protégeait, concentré sur eux de toutes ses forces, pour les rapporter. Les cris des insectes semblaient avoir augmenté d'intensité. Il craignait quelque incident, qu'un chien ne se mît à aboyer, qu'une lumière ne s'allumât dans une chambre, le distrayant, lui faisant lâcher prise. Il fallait qu'il retournât chez lui sans rien voir, entendre ou penser. Tout en marchant, il se répétait les mots, ses lèvres bougeaient sans arrêt. Il osait à peine respirer. Il apercevait sa maison. Elle était devenue grise. Les fenêtres étaient sombres. Il devait absolument l'atteindre. Le son des bêtes de la nuit semblait s'enfler en un concert de tourment et de rage, mais il était au-delà de tout cela. Il s'échappait. Il avait parcouru une distance immense, il approchait de la haie. Le porche était là. Il grimpa sur la balustrade, le bord du toit était à portée de sa main. La gouttière était solide, il se hissa. Le goudron vert qui s'effritait était tiède sous ses pieds. Il passa une jambe, puis l'autre pour enjamber la fenêtre. Il était en sécurité. Instinctivement, il s'éloigna de quelques pas de la fenêtre. Il avait réussi. Dehors, la lumière semblait pâle, d'un autre âge. Une aube spectrale commençait à traverser les arbres.

Soudain, il entendit le plancher craquer. Quelqu'un était là, une silhouette se dressait dans la douce lumière privée de couleurs. Sa femme. De la voir apparaître ainsi, serrant sa robe de chambre en coton contre elle, avec ce visage rendu banal par le sommeil, l'abasourdit. Il fit un signe comme pour lui dire de s'éloigner.

– Qu'y a-t-il ? Quelque chose ne va pas ? chuchota-t-elle.

Il recula avec de vagues mouvements de la main, la tête penchée de côté comme un cheval, le regard fixé sur elle.

– Qu'y a-t-il ? répéta sa femme, inquiète. Que s'est-il passé ?

– Non ! supplia-t-il en secouant la tête. Un des mots était parti. Non, non !

Le vocable se défaisait comme un morceau de papier tombé à la mer. Il essaya désespérément de le rattraper.

Elle passa son bras autour de ses épaules. Il se dégagea avec brusquerie, ferma les yeux.

– Qu'as-tu, mon chéri ?

Elle le savait perturbé. Il n'avait jamais vraiment surmonté son problème. Il se réveillait souvent la nuit, elle le trouvait assis à la cuisine, les traits tirés, l'air vieux.

– Viens te coucher, dit-elle.

Il fermait obstinément les yeux, se bouchait les oreilles avec les mains.

– Tu ne te sens pas bien ?

Sous l'effet de sa sollicitude, les mots se dissolvaient, coulaient dans le néant. Il se mit frénétiquement à tourner en rond.

– Mais qu'est-ce que tu as ? Qu'est-ce que tu as ? cria-t-elle.

Partout, la lumière arrivait, elle baignait la pelouse. Les chuchotements sacrés disparaissaient. Il n'y avait pas un instant à perdre. Les mains pressées contre sa tête, il courut dans l'entrée et chercha un crayon tandis que sa femme courait derrière lui, le suppliant de lui dire ce qui n'allait pas. Les mots pâlissaient, il n'en restait plus qu'un seul, inutile sans les autres et pourtant d'une valeur infinie. La table trembla sous son griffonnage. Un tableau tressauta sur le mur. Retenant ses cheveux d'une main, le visage tout près du papier, sa femme regardait ce qu'il avait écrit.

– Qu'est-ce que c'est ?

Réveillée par le bruit, Dena apparut en chemise de nuit à une porte.

– Que se passe-t-il ? demanda-t-elle.

– Viens m'aider, cria sa mère.

– Papa, qu'est-ce qu'il y a ?

Les mains des deux femmes se tendaient vers lui. Dans le verre du tableau tremblotait un brillant carré bleu et vert : le feuillage lumineux des arbres. Les innombrables voix se retiraient, sombraient dans le silence.

– Dis-moi ce que tu as, supplia sa femme.

– Papa, je t'en prie !

Fenn secoua la tête. Au bord des larmes, il essaya de se dégager. Soudain, il se laissa tomber à terre et resta assis sans bouger. Pour Dena, c'était comme si recommençait cette période de son enfance, ses premières années d'école, où la maison était pleine d'une pénible tension. Les portes claquaient et son père, avec une affection maladroite, venait dans leur chambre leur raconter des histoires, puis s'endormait au pied de son lit.

Crépuscule

Vêtue d'un tailleur ajusté, Mrs. Chandler était debout près de la vitrine, presque en face du néon qui disait en petits caractères rouges : VIANDE DE PREMIER CHOIX. Elle semblait examiner les oignons, elle en tenait un dans la main. Il n'y avait personne d'autre dans le magasin. En blouse blanche devant la caisse, Vera Pini regardait passer les voitures. Le ciel était couvert, le vent soufflait. La circulation formait un flot presque ininterrompu.

– Nous avons du bon brie aujourd'hui, annonça Vera sans bouger. Il est arrivé ce matin.

– Est-il vraiment bon ?

– Délicieux.

– Eh bien, j'en prendrai un morceau.

Mrs. Chandler était une fidèle. Elle n'allait pas au supermarché au bout de la ville. C'était l'une des meilleures clientes. Ou du moins elle l'avait été. Maintenant, elle n'achetait plus grand-chose.

Les premières gouttes de pluie apparurent sur les vitres.

– Regardez-moi ça, dit Vera. Ça commence.

Mrs. Chandler tourna la tête. Elle regarda défiler

les autos. Elle avait l'impression de revenir des années en arrière. Pour une raison quelconque, elle se surprit à penser à toutes les fois où elle avait pris la voiture ou le train pour aller à la campagne, descendant sur le long quai nu dans l'obscurité où son mari ou un enfant l'attendait. Il faisait chaud. Les grands arbres étaient noirs. « *Hello*, mon chéri. – *Hello*, maman. As-tu fait bon voyage ? »

La petite publicité lumineuse brillait très fort dans la grisaille ; de l'autre côté de la rue, on voyait le cimetière, et la voiture de marque étrangère, toujours très propre, qu'elle avait garée près de la porte, dans le mauvais sens. Elle faisait toujours ça. C'était une femme qui avait un certain style de vie. Elle savait donner des dîners, s'occuper des chiens, entrer dans un restaurant. Elle avait sa façon de répondre à des invitations, de s'habiller, d'être elle-même. D'incomparables habitudes, pourrait-on dire. C'était une femme qui avait lu, joué au golf, assisté à des mariages, qui avait de jolies jambes, qui avait connu des épreuves. C'était une belle femme dont personne ne voulait plus.

La porte s'ouvrit et l'un des fermiers entra. Il portait des bottes de caoutchouc.

– Salut, Vera, dit-il.

Elle le regarda.

– Tiens, tu n'es pas à la chasse ?

– Trop humide, répondit l'homme. Il était âgé, avare de paroles. À certains endroits, l'eau atteint trente centimètres.

– Mon mari y est allé.

– Dommage que tu ne m'aies pas prévenu, dit le fermier d'un air sournois.

Son visage semblait oblitéré par le grand air, passé, comme un vieux timbre.

Il faisait un temps propice à la chasse : pluvieux et brumeux. La saison avait commencé. Toute la journée, elle avait entendu des coups de feu et, vers midi, une formation désordonnée de six oies était passée au-dessus de sa maison. Assise dans la cuisine, elle avait écouté leurs cris bruyants et stupides. Par la fenêtre, elle vit qu'elles volaient très bas, presque au ras des arbres.

Sa maison se dressait au milieu de champs. De l'étage supérieur, on apercevait des granges et des clôtures, au loin. C'était une très belle maison ; pendant des années, elle l'avait crue unique. Le jardin était bien entretenu, le bois proprement empilé ; les portes-moustiquaires étaient en parfait état. De même, à l'intérieur, tout respirait le bon goût : les moelleux canapés blancs, les tapis et les chaises, les verres suédois si agréables à tenir, les lampes. « Cette maison est mon âme », avait-elle coutume de dire.

Elle se rappela le matin où l'oie était apparue sur la pelouse. Une grande oie au long cou noir et à la jugulaire blanche se tenait là, à une distance d'à peine cinq mètres. Mrs. Chandler avait couru vers l'escalier.

– Brookie, avait-elle murmuré.

– Quoi ?

– Descends un moment. Sans faire de bruit.

Ils étaient allés à une fenêtre, puis à une autre, regardant dehors, le souffle coupé.

– Qu'est-ce qu'elle fait là, si près de la maison ?
– Je n'en sais rien.
– Elle est énorme, hein ?
– Oui.
– Mais pas aussi grosse que Dancer.
– Dancer ne vole pas.

Tout avait disparu : le poney, l'oie, le petit garçon. Elle se rappela le soir où ils étaient rentrés d'un dîner chez les Werner. Ils y avaient rencontré une jeune femme au très beau visage qui avait quitté le foyer conjugal pour étudier l'architecture. Rob Chandler n'avait rien dit, il s'était contenté d'écouter distraitement, comme s'il s'agissait de choses familières. À minuit, dans la cuisine, la porte à peine refermée, il lui avait simplement annoncé la nouvelle. Se détournant d'elle, il contemplait la table.

– Quoi ? avait-elle dit.

Il avait commencé à répéter, mais elle l'avait interrompu.

– Que dis-tu ? avait-elle demandé, l'esprit engourdi.

Il avait rencontré une autre femme.

– Tu as quoi ?

Elle garda la maison. Elle se rendit juste une dernière fois à leur appartement de la 82e Rue avec ses grandes fenêtres d'où, en pressant la joue contre la vitre, on pouvait voir l'escalier d'entrée du Met. Un an plus tard, il se remaria. Pendant un certain temps, elle alla à la dérive. Le soir, désespérée, elle restait assise dans la salle de séjour vide, ne prenant ni la peine de manger ni de faire quoi que ce soit, caressant le chien, lui parlant, pelotonnée sur le canapé, encore tout habillée à deux heures du matin. Une mortelle fatigue s'était emparée d'elle. Puis, un jour, elle se ressaisit, commença à fréquenter l'église et à remettre du rouge à lèvres.

Alors qu'elle rentrait du magasin, de grands nuages couleur de plomb marbrés de lumière passèrent au-dessus des arbres. Le vent soufflait en rafales. En s'engageant dans le virage qui conduisait à son allée, elle vit qu'une voiture y était garée. Après un bref moment d'inquiétude, elle la reconnut. Quelqu'un venait vers elle.

– Bonsoir, Bill.

– Je vais te donner un coup de main.

Il prit le plus gros des sacs à provisions dans l'auto et suivit Mrs. Chandler à la cuisine.

– Pose-le sur la table. Parfait. Merci. Comment vas-tu ?

Il portait une chemise blanche et une vieille veste sport qui, jadis, avait dû lui coûter cher. La cuisine paraissait glacée. Au loin, on entendait de faibles détonations.

– Allons dans le salon, dit-elle, il fait froid ici.

– Je passais juste pour voir s'il y avait des réparations à faire, avant que l'hiver n'arrive.

– Ah ! bon. Eh bien, il y a la salle de bains du premier. Encore des ennuis en perspective ?

– Les tuyaux ?

– Oui, vont-ils de nouveau éclater cette année ?

– Nous les avons isolés, n'est-ce pas ? Il avait un léger, mais élégant défaut de prononciation, quelque chose à voir avec sa langue. Il l'avait toujours eu. La salle de bains est au nord, c'est ça, le problème.

– Oui. Elle cherchait vaguement une cigarette. Pourquoi l'a-t-on mise à cet endroit, à ton avis ?

– Eh bien, c'est là qu'elle a toujours été, dit Bill.

Il avait quarante ans, mais on ne les lui aurait jamais donnés. Il avait quelque chose de dur, de désespéré, quelque chose qui lui faisait conserver sa jeunesse. Il passait tout l'été sur le terrain de golf, parfois jusqu'en décembre. Même là-bas, les cheveux ébouriffés par le vent, il semblait ne pas vraiment s'intéresser à ce qu'il faisait – même en compagnie de ses partenaires, on aurait dit qu'il cherchait simplement à tuer le temps. On racontait beaucoup d'histoires sur lui. C'était une idole déchue. Son père avait une agence immobilière dans un cottage situé sur la route. Lotissements, fermes, terrains. Il appartenait à une des vieilles familles du coin. Une rue portait son nom.

– Il y a un robinet défectueux. Tu veux y jeter un coup d'œil ?

– Qu'est-ce qu'il a ?

– Il goutte. Je vais te le montrer.

Elle le précéda dans l'escalier.

– Ici, dit-elle en désignant la salle de bains. D'ailleurs, on l'entend.

D'un geste nonchalant, il ouvrit et ferma plusieurs fois le robinet, passa la main dessous. Il faisait cela le bras tendu, avec une torsion désinvolte du poignet. Elle le voyait depuis la chambre à coucher. Il semblait examiner d'autres choses posées sur le lavabo.

Elle alluma une lampe et s'assit. Il faisait presque nuit. Aussitôt, la chambre prit un aspect douillet. Les murs étaient tapissés d'un papier à motifs bleus, la moquette était d'un blanc très doux. La pierre polie de la cheminée donnait une impression d'ordre. Dehors, les champs disparaissaient. C'était l'heure sereine, celle qui lui faisait peur. Parfois, les yeux fixés sur l'océan, elle pensait à son fils, même s'il y avait une éternité que cela s'était passé. Elle constatait qu'elle n'évoquait plus son souvenir chaque jour. On dit que le chagrin s'atténue au bout d'un certain temps, mais qu'il ne disparaît jamais vraiment. Et, comme pour tant d'autres choses, on a bien raison. Il avait été le plus jeune et le plus vif d'entre tous, malgré une certaine fragilité. Le dimanche, à l'église, elle priait pour lui. Elle murmurait des mots très simples : « Ô mon Dieu, surtout n'omettez pas de le voir, il est si petit… » « Ce n'est qu'un enfant », ajoutait-elle parfois. La vue d'un être mort, un oiseau écrasé sur la route, les pattes raides d'un lapin ou même les restes d'un serpent, la bouleversait.

– Je crois que c'est la rondelle, diagnostiqua Bill. J'essaierai de t'en apporter une autre un de ces jours.

– Très bien. Faudra-t-il que j'attende de nouveau un mois ?

– Marian et moi nous nous sommes remis en ménage. Tu étais au courant ?

– Ah ! je vois. Involontairement, elle poussa un léger soupir. Elle se sentait toute chose. Je… euh… Quelle faiblesse ! se dit-elle plus tard. Depuis quand ?

– Quelques semaines.

Au bout d'un moment, elle se leva.

– On redescend ?

Elle vit leurs reflets dans la fenêtre de l'escalier. Elle vit passer son chemisier couleur abricot. Le vent continuait à souffler. Une branche dénudée râclait un des murs de la maison. Elle l'entendait souvent la nuit.

– Tu as le temps de prendre un verre ? demanda-t-elle.

– Je ferais mieux de filer.

Elle se versa du whisky, puis alla à la cuisine chercher des glaçons et ajouter un peu d'eau.

– Je suppose que je ne te verrai pas pendant un moment.

Il ne s'était pas passé grand-chose. Quelques dîners au Lanai, peut-être quelques nuits. Juste histoire d'être avec quelqu'un de sympathique, quelqu'un d'accommodant et d'inattendu.

– Je…, commença-t-elle, ne sachant que dire.

– Tu regrettes ce qui s'est passé ?

– C'est un peu ça.

Debout dans la salle de séjour, il hocha la tête. Son visage avait un peu pâli, la pâleur de l'hiver.

– Et toi ? demanda-t-elle.

– Oh ! flûte !

Elle ne l'avait jamais entendu se plaindre. Sauf de certaines personnes.

– Moi, je ne suis que le bricoleur de service. C'est ma femme. Qu'est-ce que tu vas faire ? Tu iras la voir un de ces jours pour tout lui raconter ?

– Jamais je ne ferai une chose pareille.

– Je l'espère bien, dit-il.

Quand la porte se ferma, elle ne se retourna pas. Elle entendit la voiture se mettre en marche et aperçut le reflet des phares. Debout devant le miroir, elle regarda froidement son visage. Quarante-six ans. Cela se voyait sur son cou, sous ses yeux. Elle ne rajeunirait pas. Elle aurait dû plaider sa cause, pensa-t-elle. Elle aurait dû lui dire ce qu'elle éprouvait, lui parler des sentiments qui l'étouffaient. L'été avec son espoir et ses longues journées était terminé. Elle eut envie de suivre Bill, de passer devant sa maison en voiture. Les lumières seraient allumées. Elle verrait quelqu'un par les fenêtres.

Cette nuit-là, elle entendit les branches taper contre la maison et vibrer les croisées. Elle pensa aux oies, elle pouvait les entendre dehors. Il s'était mis à faire froid. Le vent ébouriffait leurs plumes. Elles vivaient longtemps, dix ou quinze ans, disait-on. Celle qu'ils avaient aperçue sur la pelouse était peut-être encore de ce monde, réinstallée avec les autres dans les champs, en retrait de la mer, là où elles se réfugiaient, survivantes d'embuscades sanglantes. Elle imagina l'une d'elles dans l'herbe mouillée, la poitrine trempée, sombre, son cou gracieux encore tendu, ses grandes ailes essayant de battre l'air, des sons affreux sortant de son bec. Elle fit le tour de la maison, alluma des lampes. Il pleuvait, les vagues déferlaient, une compagne gisait, morte, dans les ténèbres tourbillonnantes.

Via negativa

Il y a un genre d'écrivains de deuxième catégorie que l'on rencontre le plus souvent dans une bibliothèque, en train de signer leur roman. Leur index est couleur thé, leur sourire montre des dents malsaines. Toutefois, ils s'y connaissent en littérature. Elle est la moelle de leurs tristes os. Ils savent ce qui a été écrit, où les auteurs sont morts. Leurs opinions sont froides, mais justes. Au moins, elles sont pures.

Ils sont inconnus, bien que pourvus de quelques admirateurs. Comme le mariage, ils manquent cruellement d'intérêt, mais qu'existe-t-il d'autre ? Leur vie, c'est leur journal intime. On y trouve parfois une citation de leur astrologue : C'est avec les femmes que vous avez le plus d'affinités. De temps en temps, peut-être, mais c'est tout. Ils ont les cheveux clairsemés, leurs vêtements sont un peu démodés. Cependant, ils ont conscience qu'il existe une grande gloire, une gloire finale qui auréole certains personnages à peine remarqués de leur temps, les tire de l'obscurité et transforme leur vie. Leurs héros s'appellent Musil et, bien entendu, Gerard Manley Hopkins. Bounine.

Il y a des écrivains comme P., vêtus d'un costume coûteux et de belles chaussures anglaises, qui descendent la rue dans un soleil éblouissant, la foule semble s'écarter pour eux, leur laisser un passage pareil à l'œil d'un cyclone.

– Il paraît que vous avez touché une petite fortune pour votre dernier livre.

– Quoi ? N'en croyez rien, disent-ils. Mais tout le monde est au courant.

Un examen plus minutieux révèle même que les chaussures sont sur mesure. Leur propriétaire a une épaisse crinière. Un visage déterminé, un grand front, un long nez. Un visage qui souffre, solide comme une porte. Il reconnaît celui qui l'interroge : un type qui a publié plusieurs nouvelles. Il n'a qu'un instant pour bavarder.

– L'argent ne sert à rien, déclare-t-il. Regardez-moi. Je n'arrive même pas à me faire couper les cheveux convenablement.

Il est sérieux. Pas le moindre sourire. Un jour qu'il revenait de Londres, comme on lui demandait de recommander un roman écrit par une de ses jeunes connaissances, il répondit : « Qu'il fasse ce que j'ai fait, qu'il se débrouille tout seul. Ils veulent toujours tirer quelque chose de vous. »

Et puis, il y a ces vieux écrivains qui doivent leur renommée au *New Yorker*. Ils évoluent dans des cercles huppés, comme W., qui devint célèbre à vingt ans. Certains critiques jugent maintenant son œuvre superficielle et peu originale – il avait été l'ami du plus grand écrivain de notre temps, un auteur qui suscita d'innombrables imitateurs, peut-être vaudrait-il mieux dire l'un des grands écrivains de l'époque, les avis sont partagés sur ce point et je ne veux pas déclencher de polémiques. De toute façon, ils ont fini par se fâcher. W. répugnait à donner la raison de leur brouille.

Publiée un peu partout, sa première nouvelle – que tout le monde connaît – lui rapporta au moins cinquante femmes au fil des ans, disait-il. Son épouse était au courant. Il finit par rompre avec elle aussi. C'était un homme qui vieillissait mal. De petites veines apparurent sur ses joues. Ses yeux rougirent. Il se mit à injurier les gens, même les serveurs de restaurant. Dans sa jeunesse, pourtant, il avait été très généreux, très courageux, à ce qu'on disait. Il détestait l'injustice. Il avait donné de l'argent aux républicains espagnols.

Le matin. Les dentistes alignent leurs curettes. Sous les porches des maisons, les clochards gémissent au contact des premiers rayons du soleil. Nile prit le bus pour rendre visite à sa mère ; les mots de Victor Hugo : *Toutes les armées du monde ne sauraient arrêter une idée qui vient à son heure*, s'étalaient dans une publicité, au-dessus de lui. Il ne s'était pas coiffé. Son visage avait l'arrogance, les lèvres meurtries d'une personne déterminée à vivre sans argent. Sa mère l'accueillit à la porte et prit sa figure pâle entre ses mains. Elle recula de quelques pas pour mieux le voir. Elle tremblait légèrement, d'un mouvement régulier, rythmique.

– Oh ! tes dents, dit-elle.

Il les cacha avec sa langue. Sa tante sortit de la cuisine pour l'embrasser.

– Ça fait un siècle qu'on ne t'a pas vu ! s'écria-t-elle. Devine ce qu'il y a pour déjeuner.

Comme beaucoup de femmes grosses, elle aimait rire. Elle était veuve de deux maris, mais un seul verre d'alcool suffisait à la faire danser. Elle partit mettre le couvert. Passant devant la fenêtre, elle regarda dehors. En face, il y avait un cinéma.

– Bande de dégénérés, grommela-t-elle.

Elle approcha sa chaise avec de petits râclements. Nile s'assit entre les deux femmes. Elles ne s'étaient pas donné la peine de se changer. La chaleur des déjeuners familiaux où l'on ne s'intéresse qu'à la nourriture. Nile avait toujours faim quand il venait. Tout en parlant, il mangea une tranche de pain couverte d'une épaisse couche de beurre. Sur un énorme plat, il y avait de la morue et des oignons sautés. Des voix partout – la télévision, et aussi la radio, à la cuisine. Il répondait à leurs questions la bouche pleine.

– C'est un peu fade, déclara sa mère. L'as-tu fait cuire comme la dernière fois ?

– Exactement pareil, répondit sa tante. Elle goûta elle-même. Il faut peut-être ajouter un peu de sel.

– On ne met pas de sel sur le poisson, décréta sa mère.

Nile continuait à manger. Moelleuse et blanche, la morue se défaisait sur sa fourchette, il percevait la légère saveur iodée de la mer. Il connaissait le marché où ce poisson avait été exposé sur de la glace, et le propriétaire de la boutique, un juif qui ne se rasait pas. Sa tante le regardait.

– Tu sais quoi ? dit-elle.

– Quoi ?

Elle ne s'adressait pas à lui. Elle venait de faire une découverte.

– Pendant une minute, tandis qu'il mangeait, Nile était le portrait craché de son père.

Une douce pause s'ouvrit dans la pièce, un espace plus profond qui n'existait pas quand ils s'étaient contentés de parler de l'immoralité et du danger que représentaient les Noirs. Sa mère le regarda avec respect.

– Tu entends ça ? chuchota-t-elle.

Elle avait soif des mythes du passé. Des cernes entouraient ses yeux, sa chair était vieille.

– En quoi lui ressembles-tu ?

Elle voulait qu'il le lui dît.

– Je ne lui ressemble pas, déclara-t-il.

Les deux femmes ne l'entendirent pas. Elles discutaient de son enfance, de divers détails concernant celle-ci, de poèmes qu'il avait appris par cœur, de ses beaux cheveux. Quel bon élève il avait été ! Comme il avait des manières d'adulte à table, avec sa fourchette trop grande pour sa main ! Il avait exactement le menton de son père, dirent-elles. Et la forme de sa tête.

– L'arrière de la tête, précisa sa tante.

– Une tête magnifique, confirma sa mère. Tu as une tête parfaite, le savais-tu ?

Plus tard, allongé sur le canapé, il les écouta bavarder pendant qu'elles desservaient. Il ferma les yeux. Tout lui était familier : des phrases qu'il avait déjà entendues, des disputes au sujet du passé, même l'odeur des coussins sous sa tête. Dans la chambre à coucher, il y avait une série de photos dans des cadres mal adaptés. En suivant la progression, on y voyait un visage devenir de plus en plus vieux, de moins en moins prometteur. Avait-il vraiment écrit toutes ces lettres si sérieuses conservées dans des boîtes à chaussures, avec des livres scolaires et des programmes pliés ? Il dormait dans le musée de sa vie.

Il partit à quatre heures. Le portier lisait le journal, le col déboutonné, parmi de fortes odeurs de cuisine. Quand Nile sortit, il ne leva même pas les yeux. Il était absorbé par la description de deux jeunes femmes qu'on avait retrouvées mortes, ligotées, sur la berge d'un canal. Il n'y avait pas de photos, juste celles des victimes, extraites d'un annuaire de lycée. On était en juin. Les rues étaient bordées de voitures, les caniveaux fondaient.

Les magasins étaient fermés. Dans les vitrines, abandonnés à l'après-midi, des étalages de livres, de cosmétiques, de vêtements de cuir. Il s'arrêta pour les regarder. Une envie, une soif irrésistible d'argent, de reconnaissance, monta en lui. Pour la centième fois, il descendait des rues qui l'ignoraient, longeait une interminable série d'immeubles d'habitation, de consulats, de banques. Il atteignit les 50e Rues, derrière les grands hôtels. Elles étaient froides et humides comme des logements de domestiques. Le sol était jonché de papiers, d'enveloppes, de paquets de cigarettes vides.

L'appartement de Jeanine était plus agréable. Le plancher était ciré. L'haleine de la jeune femme semblait fraîche.

– Es-tu sortie ? demanda-t-il.

– Non, pas encore.

– Les rues sont en train de fondre. Tu travaillais ?

– Non, je lisais.

Des fenêtres, on voyait le salon de coiffure situé au deuxième étage, à l'arrière, du Plaza. C'était une pièce pourvue de miroirs qui multipliaient ses secrets. Certains après-midi, ils avaient regardé, nus, les scènes silencieuses qui s'y déroulaient.

– Que lis-tu ? s'informa-t-il.

– Du Gogol.

– Gogol… Fermant les yeux, il se mit à réciter : *Dans la voiture était assis un homme ni beau ni laid, ni gros ni maigre, ni vieux, mais pas si jeune…*

– Quelle mémoire !

– Écoute, quel est le roman qui commence par : *Longtemps, je me suis couché de bonne heure…* ?

– C'est trop facile, ça, dit-elle.

Elle était assise sur le canapé, les jambes ramenées sous elle, le livre à portée de la main.

– Tu as sans doute raison, admit-il. Sais-tu que Gogol est mort puceau ?

– Vraiment ?

– Les Russes sont un peu bizarres dans ce domaine, déclara Nile. Même Tchekhov pensait qu'une fois par an ça suffisait pour un écrivain.

Il se rendit compte qu'il lui avait déjà dit cela un autre jour.

– Tout le monde ne partage pas cette opinion, murmura-t-il. Sais-tu qui j'ai rencontré dans la rue, hier ? Vêtu comme un banquier de la tête aux pieds ?

– Qui ?

Nile décrivit le personnage. Au bout d'un moment, elle devina son identité.

– Il a écrit un nouveau roman, annonça-t-elle.

– À ce qu'il paraît. J'ai bien cru qu'il allait me tendre son anneau à baiser. J'ai dit : « Répondez-moi franchement, tout cet argent, toute cette célébrité… »

– Pas possible !

Nile sourit, révélant ces dents qui désespéraient sa mère.

– Il était terrifié. Il savait ce que j'allais dire. Il avait tout, le monde entier parlait de lui, et moi, je n'avais qu'une épingle. Une aiguille. Si je l'enfonçais, elle lui percerait le cœur.

Jeanine avait un visage de garçon, des bras où l'on devinait l'ombre des muscles. Elle s'était rongé les ongles au ras des doigts. La lumière de l'après-midi qui s'était faufilée dans la pièce faisait briller ses genoux. Elle venait du Montana. Quand il avait fait sa connaissance, Nile l'avait crue facile, ce qui l'avait excité, il l'avait même crue stupide, mais il découvrit qu'il ne s'agissait que d'une sorte de vaste nimbe, peut-être celui de l'enfance, qui l'entourait. Elle se révélait dans des actes simples, inattendus, comme un valet de ferme qui se déshabille. Assise sur le canapé, elle montrait son bras. Au creux du coude, Nile apercevait la longue et grosse artère sinueuse qui descendait vers le poignet. Pleine de sang. Pas la moindre pulsation.

Elle avait été mariée. Son passé ne cessait d'étonner Nile. Son corps n'en portait aucune trace, pas même un souvenir, semblait-il. Tout ce que cela lui avait appris, c'était à vivre seule. Dans la salle de bains, il y avait des savonnettes neuves sur lesquelles on pouvait encore lire le nom de la marque. Il y avait aussi des serviettes propres, des fleurs dans un verre bleu. Le lit était bien lisse et plat. On voyait des livres, des fruits ; des invitations étaient glissées dans le cadre du miroir.

– Que lui as-tu demandé, au juste ? s'enquit-elle.

– As-tu un peu de vin ? fit-il.

Tandis qu'elle cherchait à la cuisine, Nile poursuivit d'une voix plus forte :

– Il a peur de moi. Il a peur de moi parce que je n'ai rien accompli.

Il leva les yeux. Du plâtre s'écaillait au plafond.

– Sais-tu ce qu'a dit Cocteau ? cria-t-il. « Il est des célébrités pires que des échecs. » Je lui ai demandé s'il croyait vraiment mériter tout ça ?

– Et qu'a-t-il répondu ?

– Je ne m'en souviens pas. Qu'est-ce que c'est que ça ? Il prit la bouteille couleur d'eau de mer qu'elle apportait. L'étiquette en était légèrement tachée. Du pauillac. Est-ce moi qui l'ai acheté ?

– Non.

– C'est bien ce qu'il me semblait. Il renifla le goulot. Très bon. Quelqu'un t'en a fait cadeau ? suggéra-t-il.

Elle lui remplit un verre.

– Veux-tu aller au cinéma ? demanda-t-il.
– Je ne crois pas.
Il regarda son vin.
– Ah non ?
Elle garda le silence. Pour finir, elle répondit :
– Je ne peux pas.
Il se mit à examiner les livres de la bibliothèque qui se trouvait à côté de lui. Il y en avait beaucoup qu'il n'avait pas lus.
– Comment va ta mère ? demanda-t-il. Je l'aime beaucoup. Il ouvrit un des volumes. Tu lui écris ?
– Parfois.
– Tu sais, Viking s'intéresse à moi, dit-il soudain. Ils s'intéressent à mes nouvelles. Ils voudraient que je développe *Lovenights*.
– C'est ma préférée.
– J'y travaille déjà. Je me lève très tôt. Ils veulent que je me fasse tirer le portrait.
– Tu as vu qui, chez Viking ?
– J'ai oublié son nom. Il est… euh… brun, et à peu près de mon gabarit. Je devrais vraiment connaître son nom. Bon, mais quelle importance, après tout ?
Elle partit dans sa chambre pour se changer. Nile commença à la suivre.
– N'entre pas, ordonna-t-elle.
Il se rassit. De temps à autre, il entendait le son banal de tiroirs qu'on ouvre et qu'on ferme, des périodes de silence. On aurait dit qu'elle faisait ses bagages.
– Où vas-tu ? cria-t-il, les yeux fixés sur le plancher.

Elle se coiffait. Il percevait les coups réguliers et légers de la brosse à cheveux. Elle se regardait dans la glace sans prêter la moindre attention à Nile. Il était comme une lettre posée sur la table, comme le Gogol à moitié lu, comme la bouteille de vin. Quand elle revint dans la pièce, il fut incapable de la regarder. Il était assis le dos courbé, tel un enfant maussade.

– Jeanine, je sais que je t'ai déçu, mais c'est vrai pour Viking.

– Je sais.

– Je vais être très occupé... Il faut vraiment que tu partes tout de suite ?

– En fait, je suis déjà en retard.

– Ce n'est pas vrai, dit-il. Je t'en prie.

Elle fut incapable de lui répondre.

– De toute façon, il faut que je rentre travailler. Où vas-tu ?

– Je serai de retour à onze heures, dit-elle. Tu peux m'appeler à ce moment-là.

Elle essaya de lui caresser les cheveux.

– Il reste du vin, dit-elle.

Elle ne croyait plus en lui. Elle croyait en ses paroles, mais pas en lui. Elle avait perdu la foi.

– Jeanine...

– Au revoir, Nile.

C'était ainsi qu'elle terminait ses conversations téléphoniques.

Elle se rendait dans les 90e Rues, dîner dans un appartement qu'elle ne connaissait pas. Elle avait les bras nus. Elle paraissait très jeune.

Quand la porte se referma, Nile fut saisi de

panique. Soudain, il se sentit désespéré. Ses pensées semblaient s'envoler, s'égailler comme des oiseaux. Cette heure était mortelle. À la télévision, les journalistes répondaient à des questions compliquées. Les rues étaient calmes. Il commença à fouiller dans les affaires de la jeune femme. D'abord dans les placards, puis dans les tiroirs. Il trouva des lettres. Il s'assit pour les lire. Il y avait là des lettres du frère de Jeanine, de son avoué, de personnes qu'il ne connaissait pas. Il se mit à tout sortir : chemisiers, lingerie, bas pareils à de longues algues collantes. À coups de pied, il dispersa les chaussures, répandit le contenu de boîtes. Il cassa les colliers, des perles s'éparpillèrent par terre. Il se sentait sauvage, déchaîné, comme un assassin. Pendant qu'elle se trouvait là-bas, dans les 90e Rues, prononçant parfois quelques mots auprès d'hommes incertains qui cherchaient à capter son regard, il la chassait à coups de fouet d'une pièce à l'autre tel un chien hurlant, la poussait contre les murs, déchirait ses vêtements. Elle vacillait, pleurait, il sentait l'horreur de ses actes. Il n'avait nul droit d'agir ainsi – pourquoi cela justifiait-il sa conduite ?

Il était baigné de sueur, hors d'haleine. Il avait peur de rester. Il ferma doucement la porte derrière lui. Une pile de vieux journaux se dressait dans le couloir, on entendait de faibles bruits provenant d'autres appartements, d'enfants rentrant du supermarché avec les courses.

Des deux côtés de la rue, dans les vitres qui s'assombrissaient, dans les reflets, il aperçut, comme soudain révélée à ses yeux, une sorte de chaos. Celui-ci l'accueillait chaleureusement, l'acclamait. Les énormes roues des bus passaient devant lui en rugissant. C'était la dernière heure du jour. Il ressentit la solitude du criminel. Comme un drogué, il s'arrêta dans une cabine téléphonique. Il avait les jambes molles. Mais cette faiblesse recouvrait autre chose. L'espace d'un instant, il vit en lui des profondeurs inconnues ; il étincela d'images. Il eut l'impression d'attirer les regards de passantes. « Elles me reconnaissent, pensa-t-il, elles me flairent dans l'obscurité comme des juments. » Il leur souriait avec les lèvres gercées d'un homme incorrigible. Elles lui étaient indifférentes, seul l'intéressait le pouvoir de déranger. Il tirait leur amour vers lui, un amour stupide, un amour sans lequel il ne pouvait respirer.

Il était tard quand il arriva chez lui. Il ferma la porte. Les ténèbres. Il alluma la lumière. Il eut l'impression de ne pas appartenir à cet endroit. Il se regarda dans le miroir de la salle de bains. Une lucarne au verre noirci était découpée dans le plafond. Il s'assit au-dessous d'une petite photo dont les bords s'enroulaient – elle représentait un nu, une fille avec laquelle il avait vécu – et se mit à jouer du piano. Le *sol* collait, l'instrument était désaccordé. Dans Bach, on trouvait non seulement de l'ordre et de la cohérence, mais aussi un code, une répétition dont tout dépendait. Au bout d'un moment, il sentit des coups frappés sous ses pieds : le balai de l'idiot qui habitait l'étage inférieur. Il continua à jouer. Les coups se firent plus violents. S'il avait un véhicule… Cette idée lui vint comme une brusque illumination, comme si c'était là l'unique chose à laquelle il avait essayé de penser : une voiture. Il quitterait la ville à vive allure et se retrouverait à l'aube sur de longues routes campagnardes. Dans le Vermont, non, plus loin, à Terre-Neuve, là où les côtes étaient encore désertes. Oui, c'était une auto qu'il lui fallait, il le voyait très clairement. Il la voyait garée dans la douce lumière de l'aube, sa carrosserie tachée par le voyage, une carrosserie légèrement cabossée qui aurait survécu à un terrible accident quand elle était encore presque neuve.

Tout est hasard, ou rien n'est hasard. Ce soir-là, Jeanine rencontra un homme qui disait que son désir le plus cher était d'accomplir un acte d'une infinie générosité, comme Genet, qui avait donné sa maison à l'un de ses anciens amants.

– Et il l'a vraiment fait ? demanda-t-elle.

– Il paraît que oui.

C'était P. La pièce était bondée, il lui parlait avec beaucoup de naturel, comme s'ils se connaissaient déjà. Elle ne se demanda même pas que lui dire, elle n'avait pas besoin de lui dire quoi que ce fût. Il était assis tout près d'elle. On voyait de fines rides sur son front, des rides encore superficielles.

– La générosité purifie, déclara-t-il.

Plus tard, il lui dirait que les mots ne venaient pas au hasard, leur ordre et leur choix parlaient comme une autre voix, une voix qui révélait tout. Le vocabulaire était pareil à des empreintes digitales, à l'écriture, il était semblable au corps qui révélait, qui exprimait, l'âme invisible.

P. avait le teint foncé, les traits marqués. Il appartenait à une race différente, mystérieuse. Elle se rendait compte à quel point son propre visage était dissemblable, avec sa large bouche, ses yeux gris, lents, curieux, limpides comme un cours d'eau. Et aussi que sa robe, la profondeur des fauteuils, les dimensions de cette pièce qui maintenant flottait dans la lumière vespérale, que tout cela était immergé dans le courant d'une vie immense. Son cœur battait lentement, mais fort. Elle ne s'était jamais sentie aussi sûre d'elle ; tout s'ouvrait avec une facilité étonnante.

– Je suis méfiant et avare, dit-il. Il commençait ses confessions. Je le reconnais.

Plus tard, il lui dit que, de toute sa vie, il n'avait été libre qu'une heure, et que cette heure, c'était celle qu'il venait de passer avec elle.

Elle ne posa pas de questions. Elle le reconnaissait. Dans son appartement, les lumières étaient allumées. L'air de la ville, amer comme un acide, était absolument calme. Mais elle ne le respirait pas. Elle respirait un air différent. Elle n'avait pas encore souri une seule fois. Plus tard, il lui dirait que c'était justement ce qui l'avait le plus attiré en elle. Ses seins, déclara-t-il, étaient comme ceux des filles des tribus noires qu'on voyait dans le *National Geographic*.

La destruction du Goetheanum

Elle était debout, seule, au milieu du jardin – c'est là qu'il la trouva. La jeune femme était une amie de William Hedges, écrivain encore inconnu à l'époque, mais Kafka lui-même avait vécu dans l'obscurité, dit-elle, et Mendel aussi, d'ailleurs, sans doute voulait-elle parler de Mendeleïev. Ils habitaient un petit hôtel de l'autre côté du Rhin. Personne ne semblait capable d'en trouver le chemin, dit-elle.

À cet endroit, le cours du fleuve était rapide, sa surface vivante. Il charriait du bois cassé, des branches. Ces choses tourbillonnaient, sombraient, émergeaient. Parfois, on voyait passer des meubles, des échelles, des fenêtres. Un jour de pluie, il y avait eu une chaise.

Ils vivaient dans la même chambre, mais leurs relations étaient platoniques. La main de la jeune femme, remarqua-t-il, ne portait ni bague ni bijou d'aucune sorte. Ses poignets étaient nus.

– Il n'aime pas être seul, confia-t-elle. Il travaille avec difficulté.

Il écrivait un roman. Bien qu'il fût loin d'être

terminé, certaines parties de ce livre étaient extraordinaires. Un fragment en avait été publié à Rome.

– Ça s'appelle *Le Goetheanum*, dit-elle. Savez-vous ce que c'est ?

Il essaya de mémoriser ce terme étrange qui déjà se dissolvait dans sa tête. Dans le soir bleu, des lumières avaient commencé à apparaître aux fenêtres de la maison.

– C'est la grande affaire de sa vie.

L'hôtel dont elle avait parlé était petit. Ses chambres étaient minuscules et des lettres jaunes barraient sa façade. Il y avait beaucoup de bâtiments semblables. On le voyait du flanc ombragé de la cathédrale. Il était situé au-dessous, un peu en aval, parmi les autres constructions. On le voyait aussi par les vitrines des antiquaires et par les ruelles.

Deux jours plus tard, il aperçut la jeune femme de loin. Ça ne pouvait être qu'elle. Elle bougeait avec une sorte de grâce nonchalante, comme une danseuse dont la carrière est terminée. Les passants ne lui prêtaient pas attention.

– Ah ! oui, bonjour, fit-elle d'une voix indécise.

Il était convaincu qu'elle ne le reconnaissait pas.

– J'ai réfléchi à certaines choses que vous m'avez dites…, commença-t-il, embarrassé.

Elle se tenait au milieu d'une foule mouvante, les bras chargés de paquets. Il faisait très chaud. Elle n'avait aucune idée de qui il pouvait être, c'était évident. Elle faisait simplement ses courses, les courses d'un couple pur et retiré du monde.

– Excusez-moi, dit-elle, je ne suis pas tout à fait moi-même aujourd'hui.

– Nous nous sommes rencontrés chez Sarren, expliqua-t-il.

– Oui, je sais.

Ensuite, il y eut un silence. Il avait envie de lui dire quelque chose de très simple, mais elle l'en empêchait.

Elle était allée au musée. Quand Hedges travaillait, il avait besoin d'être seul, parfois elle le trouvait endormi par terre.

– Il est fou, dit-elle. À présent, il est persuadé qu'il y aura une guerre. Que tout sera détruit.

Elle semblait se désintéresser de ses propres paroles. La foule l'entraînait.

– Est-ce que je peux vous accompagner un bout de chemin ? demanda-t-il. Allez-vous vers le pont ?

Elle regarda dans les deux directions.

– Oui, décida-t-elle.

Ils longèrent les rues étroites. Silencieuse, elle jetait des coups d'œil dans les vitrines. Elle avait une bouche qui s'incurvait vers le bas, la bouche d'une fille habituée à servir, d'une provinciale.

– Vous aimez la peinture ? l'entendit-il dire.

– Oui.

Au musée, il y avait des Holbein, des Hodler, des Greco, des Max Ernst. Le silence des longues galeries. Un endroit où l'on comprenait ce que signifiait la grandeur.

– Voulez-vous y aller demain ? demanda-t-elle. Non, pas demain. Nous sommes pris. Après-demain ?

Ce jour-là, il s'éveilla tôt, déjà nerveux. La chambre semblait vide. La lumière jaunissait le ciel. Le fleuve flamboyait entre les quais de pierre. L'eau coulait, divisée en fragments blancs comme le feu, aux centres éblouissants.

À neuf heures, le ciel avait pâli, le fleuve était strié d'argent. À dix heures, il avait viré au brun, couleur de soupe. Des péniches et des vapeurs désuets le remontaient lentement ou le descendaient très vite. Les piles des ponts formaient de légers remous.

Un fleuve est l'âme d'une ville, seuls l'eau et l'air purifient. À Bâle, le Rhin passe entre de solides berges de pierre. Les arbres sont soigneusement taillés, les vieilles maisons cachées derrière.

Il la chercha partout. Il franchit le Rheinbrucke et, dévisageant les passants, se rendit à travers la foule au marché en plein air. Il la chercha parmi les étals. Des femmes achetaient des fleurs, puis elles montaient dans des tramways et s'asseyaient, leurs bouquets sur les genoux. Dans le restaurant de la Börse, des hommes obèses mangeaient, leurs petites oreilles collées à leur crâne.

Elle resta introuvable. Il entra même dans la cathédrale, pensant un moment qu'elle l'attendait là. Personne. La ville se transformait en pierre. L'heure pure et ensoleillée avait passé, à présent il n'y avait plus qu'un après-midi torride qui lui brûlait les pieds. Les horloges sonnèrent trois heures. Il abandonna et rentra à l'hôtel. Un morceau de papier blanc dans son casier. Un billet. Elle le verrait à quatre heures.

Excité, il s'allongea pour réfléchir. Elle n'avait pas oublié leur rendez-vous. Il relut son message. Se rencontreraient-ils vraiment en cachette ? Il ne savait pas trop ce que cela signifiait. Hedges avait quarante ans, il n'avait presque pas d'amis, sa femme vivait quelque part dans le Connecticut, il l'avait quittée, il avait fait une croix sur son passé. Même s'il n'était pas un grand homme, il suivait le chemin de la grandeur, qui est le même que celui du désastre, et il avait le pouvoir d'inciter les autres à se dévouer pour lui. Elle ne le quittait pratiquement jamais. Il la gardait toujours à portée de sa vue, se plaignait-elle. Nadine : c'était le nom qu'elle avait elle-même choisi.

Elle arriva en retard. Finalement, ils allèrent prendre le thé à cinq heures. Hedges était occupé à lire des journaux anglais. Ils s'assirent à une table qui dominait le fleuve ; les menus étaient aussi longs et étroits que des billets d'avion. Elle paraissait très calme. Il aurait aimé garder les yeux rivés sur elle. *Hummersalat*, parvint-il à lire, *rump steak*. Elle mourait de faim, annonça-t-elle. Elle avait été au musée, tous ces tableaux lui avaient creusé l'estomac.

– Où étiez-vous ? demanda-t-elle.

Il se rendit soudain compte qu'elle l'avait attendu. Les jambes baignées de soleil, de jeunes couples flânaient dans les galeries. Elle avait marché parmi eux. Elle savait fort bien ce qu'ils faisaient : ils se préparaient à l'amour. Il détourna les yeux.

– Ce que j'ai faim ! répéta-t-elle.

Elle mangea des asperges, puis un goulash et enfin un morceau de gâteau qu'elle ne termina pas. Il pensa soudain qu'ils étaient peut-être sans le sou, Hedges et elle. Que c'était là son unique repas de la journée.

– Non, dit-elle, William a une sœur mariée à un homme extrêmement riche. Il peut lui emprunter de l'argent.

Elle semblait avoir un très léger accent. Un accent anglais ?

– Je suis née à Gênes, l'informa-t-elle.

Elle cita quelques vers de Valéry, qui, comme il le découvrit plus tard, étaient inexacts. *Des après-midi déchirés par le vent, la mer cinglante*... Elle adorait cet auteur. C'était un antisémite, dit-elle.

Elle lui raconta une excursion à Dornach, localité située à quarante minutes de tramway ; ensuite, il y avait encore un bon bout de chemin à faire à pied. Au terminus, elle s'était disputée avec Hedges au sujet de la direction à prendre ; le manque total du sens de l'orientation de son compagnon l'agaçait. Il avait fallu gravir une colline et Hedges s'était vite essoufflé.

C'est à Dornach que le maître, Rudolf Steiner, avait fondé son royaume. Là, près de Bâle, au-delà des banlieues tranquilles, il avait rêvé d'établir une communauté dotée d'un grand bâtiment central. Celui-ci devait porter le nom de Goethe qui lui en avait inspiré l'idée ; la première pierre fut finalement posée en 1913. Steiner en conçut les plans, il décida également des détails : techniques à employer, tableaux, verre spécialement gravé. Il en inventa la méthode de construction tout comme il en avait inventé la forme.

L'édifice devait être en bois, avec deux énormes dômes intersectés, le tracé de cette courbe étant en lui-même un événement mathématique. Steiner n'acceptait que l'arrondi, il n'y avait pas un seul angle droit nulle part. De petits dômes secondaires pareils à des casques contenaient portes et fenêtres. Tout était en bois, à l'exception de l'ardoise norvégienne luisante qui couvrait le toit. Sur les premières photos, on voyait un bâtiment entouré d'échafaudages comme un immense monument ; au premier plan, une pommeraie. Des gens de tous les pays participèrent à sa construction, beaucoup d'entre eux abandonnèrent leur profession ou leur carrière pour s'y consacrer. Au printemps de 1914, la charpente du toit fut en place. Les travaux n'étaient pas encore terminés quand la guerre éclata. Les ouvriers pouvaient entendre des canons gronder dans les provinces françaises voisines. C'était le mois le plus chaud de l'année.

Elle lui montra la photo d'une vaste et morne structure.

– Le Goetheanum, dit-elle.

Il garda le silence. La couleur sombre du cliché, la résonance des dômes commencèrent à l'envahir. Il s'y soumit comme il l'aurait fait avec le miroir d'un hypnotiseur. Il se sentit glisser hors de la réalité. Il ne résista pas. Il n'avait qu'une envie :

baiser les doigts qui tenaient la carte postale, les bras minces de la jeune femme, sa peau qui sentait le citron. Il se sentit trembler, il sut qu'elle le voyait. Ils restèrent assis ainsi, Nadine posant sur lui un regard calme. Il pénétrait dans la scène grise, wagnérienne, placée sous ses yeux ; à tout moment, elle pouvait la refermer comme une boîte d'allumettes et la faire disparaître dans son sac. Les fenêtres ressemblaient à celles d'un vieil hôtel, quelque part en Europe centrale. À Prague. Les formes du bâtiment lui parlaient. C'était une forteresse, un terminus, un observatoire d'où l'on pouvait contempler son âme.

– Qui est Rudolf Steiner ? demanda-t-il.

Il entendit à peine ses explications. Il était comme transporté. Steiner était un grand maître, un savant qui pensait que l'art pouvait révéler de profondes vérités. Il parlait de mouvements, de ces pièces de théâtre qu'on appelle des mystères, de rythmes, de création, des étoiles. Évidemment. Et, d'une façon ou d'une autre, elle avait tiré de tout ceci un scénario. Elle était devenue l'illusionniste de la vie de Hedges.

C'était Hedges, le forçat spécialiste de Joyce, le fantôme fripé des soirées littéraires, qui l'avait trouvée. Tout d'abord, il se montra distant ; le soir où ils firent connaissance, c'est à peine s'il lui adressa la parole. Cela faisait peu de temps qu'elle était à New York. Elle vivait dans la 12e Rue, dans une pièce sans meubles. Le lendemain, le téléphone sonna. C'était Hedges. Il l'invitait à déjeuner. Dès le premier instant, il avait su qui elle était, déclara-t-il. Il appelait d'une cabine publique, on entendait le vacarme de la circulation.

– Pouvez-vous venir me retrouver chez Harroot ? demanda-t-il.

Il ne s'était pas peigné, ses doigts tremblaient. Il était assis près d'un mur, trop nerveux pour regarder autre chose que ses propres mains. Elle devint sa compagne.

Ils passèrent de longues journées ensemble à marcher dans la ville. Il portait des chemises d'un bleu d'encre, il lui achetait des vêtements. Il était excessivement généreux, il semblait indifférent à l'argent, les billets étaient froissés dans sa poche comme dans une corbeille à papier ; quand il payait, ils tombaient à terre. Il la faisait venir dans des restaurants où il dînait avec sa femme et lui demandait de s'asseoir au bar, de façon qu'il pût la voir pendant qu'ils mangeaient.

Peu à peu, il lui fit connaître un autre monde, un monde qui méprisait la publicité, un monde plus riche que celui qui lui était familier, certains livres d'occultisme, des philosophies, et même de la musique. Elle découvrit qu'elle avait un talent pour ces choses, un instinct, même. Elle acquit une certaine maîtrise d'elle-même. Il y avait des périodes de profonde affection, de sérénité. Ils écoutaient du Scriabine chez un ami. Ils mangeaient au Russian Tea Room, les garçons connaissaient son nom à lui. Hedges accomplissait une action extraordinaire : il unifiait la vie de Nadine. Lui aussi avait trouvé une nouvelle existence : il était enfin devenu un criminel. Au bout d'un an, ils partirent pour l'Europe.

– Il est intelligent, expliqua-t-elle, ça se sent tout de suite. Son esprit embrasse tout.

– Cela fait combien de temps que vous êtes avec lui ?

– Depuis toujours.

Ils retournèrent à l'hôtel de Nadine à cette heure unique, cette heure mourante qui termine le jour. Au bord du fleuve, les arbres étaient noirs comme la pierre. À l'opéra, on donnait *Wozzeck*, puis *La Flûte enchantée*. Dans les magasins de gravures, on vendait des cartes de la ville et des dessins du célèbre pont tel qu'il était à l'époque napoléonienne. Les banques regorgeaient de pièces nouvellement frappées. La jeune femme était étrangement silencieuse. Ils ne s'arrêtèrent qu'une fois, devant un restaurant où il y avait un aquarium : on y voyait de belles truites tachetées plus grandes qu'une chaussure qui évoluaient paresseusement dans l'eau verte, en remuant la bouche avec lenteur. Le visage de Nadine se reflétait dans le verre comme celui d'une femme indifférente, solitaire, dans la vitre d'un train. Sa beauté ne s'adressait à personne. On aurait dit qu'elle ne voyait pas son compagnon, elle était perdue dans ses pensées. Puis avec froideur, sans qu'elle prononçât un mot, elle plongea son regard dans le sien. À cet instant, il comprit qu'il ferait n'importe quoi pour la conquérir.

Ils avaient mené une vie difficile. « La raison ne peut pas résoudre les problèmes humains », disait Hedges. Sa femme avait réussi à mettre la main sur son compte en banque, non qu'il y eut grand-chose dessus, mais elle avait du flair, elle trouva d'autres revenus qui auraient pu lui parvenir. En outre, Hedges était persuadé qu'on ne remettait pas à ses enfants les lettres qu'il leur écrivait. Il devait les leur envoyer à l'école ou aux bons soins d'amis.

Cependant, le grand, l'éternel problème, c'était l'argent. La gêne matérielle les écrasait. Hedges écrivait des articles, mais ils étaient difficiles à vendre : il ne savait pas traiter les sujets « dans le vent ». Il rédigea un papier sur Giacometti plein de citations inoubliables, entièrement inventées. Il essaya tout. Entre-temps, partout ailleurs, semblait-il, des jeunes gens écrivaient des scénarios de films ou vendaient leurs œuvres à des prix astronomiques.

Hedges était seul. Les hommes de son âge s'étaient déjà fait une réputation ; lui, il ratait toutes les occasions. En tout cas, c'était ce qu'il ressentait souvent. Il connaissait les vies de Cervantès, de Stendhal, d'Italo Svevo, mais aucune d'elles n'était aussi invraisemblable que la sienne. Et, partout où ils allaient, il fallait transporter carnets et papiers. Or, rien n'est plus lourd que le papier.

À Grasse, il eut des problèmes dentaires, une inflammation des racines sous de vieilles obturations. Il avait très mal et ils durent verser à un dentiste français la presque totalité de l'argent qu'ils possédaient. À Venise, il fut mordu par un chat. Une terrible infection s'ensuivit. Son bras doubla de volume, on aurait dit que la peau allait éclater. La *cameriera* affirma que les chats avaient du venin dans la bouche comme les serpents, son fils avait eu la même mésaventure. Les morsures étaient toujours profondes, dit-elle, le poison entrait dans le sang. Hedges souffrait horriblement, il ne pouvait pas dormir. « Cela aurait été bien pis cinquante ans plus tôt », commenta le médecin. Il toucha un endroit près de son épaule. Hedges était trop faible pour lui demander ce qu'il voulait dire. Deux fois par jour, une femme arrivait avec une seringue rangée dans une boîte en fer-blanc cabossée et lui faisait une piqûre. Sa fièvre augmenta. Il ne pouvait même plus lire. Il voulut dicter ses dernières volontés, Nadine s'en chargea. Il tenait à être enterré avec la photo de la jeune femme posée sur son cœur, il lui fit promettre d'arracher celle qui figurait sur son passeport.

– Mais ensuite, comment ferai-je pour rentrer ? avait-elle demandé.

Au-dessous d'eux, le grand fleuve coulait presque silencieusement au soleil. Les vies d'artistes semblent belles après tout, même les terribles disputes au sujet de l'argent, même les nuits où il n'y a rien à faire. D'ailleurs, pendant toutes ces épreuves, Hedges ne fut jamais désespéré. Il vivait une vie et en imaginait dix autres ; il pouvait toujours se réfugier dans l'une d'elles.

– Mais moi, j'en ai assez, avoua-t-elle. Il est égoïste et puéril.

Elle n'avait pas l'air d'une femme qui a souffert. Elle portait des vêtements soyeux. Ses dents étaient blanches. Au loin, sur les sentiers, des couples déjeunaient, les filles avaient ôté leurs chaussures et laissaient pendre leurs jambes par-dessus la berge. Elles jetaient des bouts de pain dans l'eau.

Le développement de l'individu avait atteint son apogée, pensait Hedges, c'était là l'essence de notre temps. Il fallait trouver une nouvelle direction. Toutefois, il ne croyait pas au collectivisme. C'était une impasse. Il ignorait encore quelle serait la bonne voie. Son œuvre la révélerait, mais il travaillait contre la montre, contre une marée d'événements, il était en exil, comme Trotski. Malheureusement, il n'y avait personne pour le tuer. Ça n'avait pas d'importance, disait-il, ses dents finiraient par s'en charger.

Nadine contemplait l'eau.

– Il n'y a que des anguilles, là, en bas, dit-elle.

Il suivit son regard. La surface du fleuve était impénétrable. Il essaya de trouver une seule ombre noire trahie par sa grâce.

– À la saison des amours, elles partent vers la mer, dit-elle.

Elle regardait toujours l'eau. Le moment venu, ces bêtes l'entendaient d'une certaine façon, le matin, elles glissaient à travers les prairies, brillant comme la rosée. Elle avait quatorze ans, lui raconta-t-elle, quand sa mère jeta sa poupée préférée dans la rivière : Nadine n'était plus une petite fille.

– Que voulez-vous que je jette dedans, maintenant ? demanda-t-il.

Elle parut ne pas l'entendre, puis elle leva les yeux.

– Vous parlez sérieusement ? finit-elle par répondre.

Elle voulait qu'ils dînent tous trois ensemble. Hedges devinerait-il quelque chose ou non ? Il essaya de ne pas y penser, de ne pas céder à l'inquiétude. Bien que la littérature du monde entier fût pleine de scènes de ce genre, il avait du mal à imaginer comment cela se passerait. Un grand écrivain pourrait dire : je sais que je ne peux pas la garder ; mais oserait-il y renoncer ? Que ferait Hedges, avec ses dents cariées et le poids de toutes ces années sur les livres qu'il n'avait pas écrits ?

– Je lui dois tant, avait-elle dit.

Malgré tout, il était difficile d'envisager cette soirée avec calme. À cinq heures, extrêmement nerveux, il jouait au solitaire dans sa chambre, relisant des articles dans le journal. On aurait dit qu'il avait oublié comment faire la conversation, il était conscient de ses expressions faciales, tout ce qu'il faisait semblait guindé. La personne qu'il avait été avait en quelque sorte disparu et il lui était impossible d'en créer une autre. Tout était impossible, il imagina un dîner au cours duquel il serait humilié, trompé.

À sept heures, craignant que le téléphone ne se mît à sonner d'un moment à l'autre, il prit l'ascenseur pour descendre. Son reflet dans le miroir le rassura, il avait l'air quelconque, il avait l'air calme. Il se toucha les cheveux. Son cœur battait très fort. Il se regarda de nouveau. La porte à glissière s'ouvrit. Il sortit de la cabine, s'attendant à les trouver dans le hall. Personne. Il feuilleta le journal de Zurich tout en surveillant l'entrée. Finalement, il réussit à s'asseoir dans l'un des fauteuils. Mal à l'aise, il ne put y rester. Sept heures dix. Vingt minutes plus tard, dans un fracas de verre brisé, une vieille Citroën vint heurter en marche arrière la calandre d'une Mercedes garée dans la rue. Le concierge et le réceptionniste sortirent en courant. Il y avait des débris partout. Le conducteur de la Citroën ouvrit sa portière.

– Oh ! bon Dieu ! murmura-t-il en regardant autour de lui.

C'était William Hedges. Il était seul.

Ils se mirent à parler tous en même temps. Par bonheur, le propriétaire de la Mercedes, dont les phares étaient brisés, n'était pas là. Un policier descendait la rue dans leur direction.

– Enfin… ce n'est pas trop grave, dit Hedges.

Il inspectait sa voiture. Les feux arrière étaient cassés et le coffre cabossé.

Après de longues palabres, il fut enfin autorisé à entrer dans l'hôtel. Il portait une veste en coton rayée et une chemise couleur d'encre. Il avait le visage blême, couvert de sueur, le visage d'un collégien que personne n'aime, un front haut, des cheveux clairsemés, une douce barbe parsemée de poils gris, la barbe d'un explorateur qui lave ses chaussettes dans l'Amazone.

– Nadine arrivera un peu plus tard, annonça-t-il.

Sa main tremblait quand il prit son verre.

– Mon pied a glissé du frein, expliqua-t-il. Il se hâta d'allumer une cigarette. L'assurance paiera les dégâts, non ? Probablement pas.

Il semblait avoir atteint un point d'arrêt, la première des nombreuses pauses pendant lesquelles il contemplait ses genoux. Puis, comme si c'était là le sujet qu'il avait cherché à se rappeler, il bredouilla :

– Que pensez-vous... de Bâle ?

Le maître d'hôtel les avait placés des deux côtés de la table, la chaise vide entre eux. La présence de ce siège semblait affecter Hedges. Il commanda une autre consommation. En se tournant, il renversa un verre. D'une certaine façon, cette maladresse le soulagea. Le garçon tamponna la nappe trempée avec une serviette. Derrière lui, Hedges parlait.

– Je ne sais pas exactement ce que Nadine vous a raconté, murmura-t-il. (Une longue pause.) Elle dit parfois... de fantastiques mensonges.

– Ah oui ?

– Elle est d'une petite ville de Pennsylvanie, marmonna Hedges. Julesberg. Elle n'a jamais été... C'était juste une... Une fille assez ordinaire quand je l'ai rencontrée.

Ils étaient venus à Bâle visiter certaines institutions, expliqua-t-il. C'était... une ville intéressante. Il est des endroits autour desquels tournent des époques entières et le village de Dornach attestait d'un très... Hedges ne termina jamais sa phrase. Rudolf Steiner avait étudié l'œuvre de Goethe...

– Oui, je sais.

– Évidemment. Nadine a dû vous en parler.

– Non.

– Ah ! bon.

Finalement, il recommença à parler de Goethe. La portée de son intellect, dit-il, avait été si extraordinaire que ce génie avait été capable, comme Léonard avant lui, d'embrasser l'ensemble des connaissances humaines de son temps. Cela impliquait en soi une cohérence… générale, et le fait qu'aucun homme n'en eût été capable depuis pouvait très bien signifier que cette cohérence n'existait plus, qu'elle s'était dissoute… L'océan des connaissances avait fait éclater ses propres rives.

– Nous sommes à l'orée de changements radicaux dans la destinée humaine, déclara Hedges. Ceux qui les révèlent…

D'une insupportable lenteur, les mots semblaient prendre une éternité pour sortir. Ils étaient une ruse, une feinte. On avait du mal à les écouter jusqu'au bout.

– … seront mis en pièces comme Galilée.

– Vous croyez ?

Une autre longue pause.

– Absolument.

Ils prirent un autre verre.

– Nous sommes un peu bizarres, Nadine et moi, je suppose, dit Hedges comme s'il se parlait à lui-même.

Le moment propice était enfin arrivé.

– Je ne pense pas qu'elle soit heureuse.

Il y eut un silence.

– Heureuse ? répéta Hedges. Non, elle n'est pas heureuse. Elle est incapable de l'être. Des extases. Elle est extatique. Voilà ce qu'elle me dit tous les jours. Il porta la main à son front, couvrant à moitié ses yeux. Vous voyez, vous la connaissez très mal.

Soudain ce fut clair : elle ne viendrait pas. Il n'y aurait pas de dîner.

Certains mots auraient dû être prononcés, tout cela finissait en queue de poisson. Dix minutes après le départ de Hedges, qui laissait derrière lui un espace blanc gênant orné de trois couverts, il trouva ce qu'il aurait dû dire : « Je veux parler à Nadine. »

Toutes les portes s'étaient refermées. Il était très malheureux, il ne pouvait imaginer quelqu'un de plus faible, de plus incapable que lui. Il avait eu l'intention de mutiler un homme et la confrontation avait tourné au monologue – ils étaient sans doute en train d'en rire à cet instant même. Cette rencontre avait été humiliante. Le fleuve coulait sous sa fenêtre, même dans le noir, on sentait le courant. Il resta là à regarder en bas. Il arpenta la pièce pour essayer de se calmer. Il s'allongea sur son lit, on aurait dit qu'il tremblait de tous ses membres. Il se haïssait. Enfin, il se détendit.

Il venait de fermer les yeux quand le téléphone retentit dans le vide. Il sonna de nouveau. Puis une troisième fois. Évidemment ! Il s'y était attendu. Le cœur battant, il décrocha et essaya de dire bonsoir d'un ton calme. Ce fut une voix masculine qui lui répondit. C'était Hedges. Il était humble.

– Est-ce que Nadine est chez vous ? réussit-il à dire.

– Nadine ?

– Puis-je lui parler, s'il vous plaît ?

– Elle n'est pas ici.

Il y eut un silence. Il entendait la respiration pénible de Hedges. Cela sembla durer une éternité.

– Écoutez, reprit Hedges d'une voix moins assurée, je voudrais juste lui parler un instant, c'est tout... Je vous en supplie...

Elle était donc quelque part en ville ; il sortit précipitamment pour la chercher. Il ne se donna même pas la peine de réfléchir à l'endroit où elle pourrait être. D'une certaine façon, la nuit lui était devenue propice, tout changeait. Il marcha, courut le long des rues, craignant d'être en retard.

Il était presque minuit, les gens sortaient du théâtre, le café près du casino était rempli de vacarme. Une mer de visages cachés et à moitié cachés – les garçons se tenaient toujours de telle façon que quelqu'un pouvait être dissimulé derrière eux ; il regarda les têtes une à une. Elle devait être là. Elle devait être assise seule à une table, attendant qu'on la trouvât.

Les mêmes voitures tournaient dans les rues, il traversa le flot. Les gens flânaient, s'arrêtaient devant des vitrines éclairées. Elle serait en train de regarder les étalages de chaussures coûteuses, de vieux bijoux, de colliers en or, peut-être. À chaque coin de rue, il avait le sentiment de la perdre. Il descendit des arcades. Il quittait le quartier qui lui était familier. Les kiosques à journaux étaient fermés, les cinémas, obscurs.

Soudain, comme la première confirmation d'une maladie, sa certitude l'abandonna. Était-elle rentrée à son hôtel ? Peut-être même s'était-elle rendue au sien, ou bien elle s'y était rendue et en était repartie ? Il la savait capable d'actes gratuits, excentriques. Au lieu d'errer dans la ville, la nuit, ses pas nonchalants n'existant que pour être dévorés par ceux de son poursuivant, au lieu de choisir un endroit où l'on pourrait la trouver en déployant autant de ruses qu'elle en avait mis pour l'inciter à la suivre, elle s'était peut-être découragée et était retournée auprès de Hedges en lui disant seulement : J'avais envie de me promener.

« Il y a toujours un moment, pensa-t-il, un moment qui ne revient jamais. » Il reprit le chemin du retour le long de rues qu'il avait déjà vues, comme s'il s'était perdu. Son excitation était tombée ; maintenant, il la cherchait. Doutant de son intuition, il se demandait ce qu'elle pouvait avoir décidé de faire.

Il s'arrêta sur l'escalier près de la Heuwaage. La place était déserte. Soudain, il eut froid. Un homme solitaire passa au-dessous de lui. C'était Hedges. Il ne portait pas de cravate, le col de sa veste était remonté. Il marchait sans but, à la recherche de ses rêves. Dans ses poches, des billets de banque froissés, des cigarettes pliées en deux. Sa pâleur se voyait de loin. Il ne s'était pas peigné. Il ne prétendait pas être jeune, il avait dépassé ce stade ; il était en pleine maturité, il n'avait jamais percé ; il était de ceux qui prennent des trains de banlieue, boivent du thé, espèrent toujours quelque chose, une preuve que, finalement, ils avaient été aussi doués que les autres. « Ce monde en engendre un autre, disait-il.

Nous approchons du cœur de la galaxie. » C'était ce qu'il écrivait, ce qu'il inventait. Ses poèmes deviendraient notre histoire.

Les rues étaient désertes, les restaurants avaient éteint leurs lumières. Seul dans un café, au milieu d'une infinité de tables vides sur lesquelles reposaient des chaises retournées, avec sa chemise foncée et sa barbe de docteur, Hedges était assis. Il ne la trouverait jamais. Il était pareil à un chômeur, un invalide, il n'avait pas d'endroit où aller. Les villes d'Europe étaient silencieuses. Il toussa un peu dans le froid.

Le Goetheanum de la photo, celle que la jeune femme lui avait montrée, n'existait pas. Il avait brûlé la nuit du 31 décembre 1922. Il y avait eu une conférence dans la soirée, les auditeurs étaient rentrés chez eux. Le veilleur de nuit découvrit de la fumée et, peu après, on aperçut des flammes. Elles se répandirent avec une étonnante rapidité, les pompiers luttèrent vainement pour les éteindre. Enfin, la situation sembla désespérée. Un enfer apparaissait dans les grandes fenêtres. Steiner fit sortir tout le monde du bâtiment. À minuit, le dôme principal se fendit, le feu jaillit à travers la fissure, monta en rugissant. Avec leur verre spécial, les ouvertures rougeoyaient ; sous l'effet de la chaleur, elles commencèrent à exploser. Une foule énorme était venue des villages voisins et même de Bâle, distante de plusieurs kilomètres, d'où l'on pouvait voir l'incendie. Finalement, le dôme s'effondra, des flammes bleu et vert surgirent des tuyaux d'orgue métalliques. Le

Goetheanum disparut et son maître, son prêtre, son créateur solitaire, déambula dans ses cendres au petit matin.

Une nouvelle structure en ciment s'éleva à sa place. De l'ancienne, il ne resta que des photos.

Terre

Billy était sous la maison. Il faisait frais là en bas, cela sentait la terre qu'on n'avait pas retournée depuis cinquante ans. Une sorte de poussière rance filtrait à travers le plancher et tombait sur sa figure en fine pluie. Il la recracha. Tournant la tête, il leva le bras avec précaution et s'essuya le pourtour des yeux de la manche de sa chemise. Il regarda en arrière, vers la bande de lumière qui bordait le bâtiment. Les jambes de Harry étaient au soleil – de temps en temps, poussant un gémissement, ce dernier s'agenouillait pour voir comment avançait le travail.

Ils nivelaient le sol de la maison du vieux Bryant. Comme toutes les autres, celle-ci n'avait pas de fondations : elle reposait simplement sur des morceaux de bois.

– Tu pourrais commencer juste là, cria Harry.

– Ici ?

– Exact.

Avec lenteur, Billy essuya de nouveau la poussière tombée sur ses yeux et commença à installer le cric. Les solives n'étaient qu'à quelques centimètres de sa figure.

Ils déjeunèrent dehors. Il faisait chaud, un temps de montagne. Le soleil était sec, l'air léger comme du papier. Harry mangeait lentement. Il avait le cou ridé, des poils de barbe blancs sur ses mâchoires.

Pour Harry Mies, la mort approchait. Il serait allongé, vidé, les joues fardées, ses belles oreilles de vieillard à jamais sourdes. C'était fou tout ce qu'il pouvait savoir. Il se tenait seul dans les champs lointains de sa vie. Il pleuvait sur lui, il restait immobile.

Il y a des bêtes qui, quand sonne l'heure, refusent de se coucher. Harry était comme elles. Après s'être agenouillé, il se relevait lentement. Il remontait une jambe, s'arrêtait, et finissait par se mettre debout, vacillant comme un vieux cheval.

– Ce type chevelu en ville..., dit-il.

Les doigts de Billy laissaient des traces noires sur le pain.

– Chevelu ?

– Qu'est-ce qu'il est çui-là ?

– Batteur, je crois, répondit Billy.

– Batteur.

– Il est avec un groupe.

– Faut bien qu'il soit avec quelque chose, dit Harry.

Il dévissa le couvercle d'une Thermos et se versa un liquide qui avait l'air d'être du thé. Ils restèrent assis à l'ombre calme des grands fromagers. Même les plus hautes feuilles restaient immobiles.

Ils se rendirent en voiture à la décharge, le soleil qui donnait sur le pare-brise leur brûlait les genoux. Il y avait là une vieille barrière de corral récupérée quelque part, sans doute dans un ranch en faillite. Elle était ouverte, Harry entra. Ils se trouvaient dans un champ de ferraille et d'ordures, au bord du ruisseau, un champ stérile éternellement fumant. Un Noir en salopette sortit d'une baraque entourée de ressorts de lit. Il était lourd et trapu comme un taureau. Une vieille Chrysler était garée plus loin.

– Je cherche des tuyaux, Al, dit Harry.

L'homme ne répondit pas. Il fit une sorte de signe nonchalant. Harry l'avait déjà dépassé ; il tourna dans une allée pleine de vieux meubles, de poêles et de chaises en aluminium. L'air avait une odeur aigre. Quelques réfrigérateurs indestructibles avaient roulé au bas de la berge et gisaient, à moitié enterrés, dans le cours d'eau.

Presque tous rouillés, les tuyaux étaient rassemblés en un endroit. Distraitement, Billy leur donna des coups de pied.

– Ils feront l'affaire, assura Harry.

Ils se mirent à en porter des tronçons à la voiture et à les placer sur le toit. Ils roulèrent très lentement, la tête du vieil homme était légèrement rejetée en arrière. L'auto bringuebalait par-dessus les trous. Les tuyaux roulaient dans la galerie.

– Un brave type, Al, commenta Harry.

Ils approchaient de la cabane. Quand il passa devant, Harry leva la main. Il n'y avait personne.

Billy laissa vagabonder ses pensées. Le trajet jusqu'à la ville lui parut long.

– Ils lui mènent la vie dure, dit Harry.

Il surveillait la route, la route déserte qui relie toutes ces villes.

– Y a rien de très bon dans toute cette ferraille, poursuivit-il. Parfois, Al essaie d'en tirer quelques sous, mais les gens pensent qu'ils devraient avoir le droit de l'emporter pour rien.

– Il ne t'a rien pris, à toi.

– À moi ? Non. Je lui apporte un petit cadeau de temps en temps, dit Harry. Le vieil Al est mon copain. Paraît qu'on vit dans un pays libre..., ajouta-t-il au bout d'un moment.

Chez Gerhart, les cow-boys l'appelaient « le Suédois », mais Harry ne mettait jamais les pieds dans ce bar. Ils le voyaient passer dehors, la peau parcheminée, les bras ballants, marchant avec la lenteur de la vieillesse. Il avait peut-être un petit air suédois, les yeux pâlis par ces matins d'une blancheur invincible, des matins du vaste Sud-Ouest, du café noir dans sa tasse, toute la journée devant lui. Les cendriers du comptoir étaient en plastique, le nom d'une marque de whisky était imprimé sur le cadran de l'horloge.

Il était cinq heures trente. Billy entra.

– Le voilà.

Il ne leur prêta aucune attention.

– Qu'est-ce que ça sera ? demanda Gerhart.

– Une bière.

Au mur était accrochée une tête d'ours empaillée avec des lunettes sur le nez et une langue rouge en plâtre. Au-dessous pendait un drapeau américain accompagné de l'écriteau : CHIENS INTERDITS. Vers midi, il y avait quelques clients comme Wayne Garrich, directeur de l'agence d'une compagnie d'assurances ; ils portaient des chapeaux de cowboys en paille, aux bords roulés. Plus tard venaient des ouvriers du bâtiment en tee-shirt et lunettes de soleil, des hommes de la compagnie du gaz. Après cinq heures, c'était toujours bondé. Les employés de ranch s'attablaient ensemble, les jambes allongées. Ils portaient des boucles de ceinture ornées d'une tête de bœuf en plaqué or.

– Ça fera trente *cents*, dit Gerhart. Qu'est-ce que tu fabriques en ce moment ? Tu travailles toujours pour le vieux Harry ?

– Ouais… La voix de Billy alla se perdre.

– Qu'est-ce qu'il te paie ?

Billy était trop embarrassé pour dire la vérité.

– Deux cinquante l'heure, répliqua-t-il.

– Fichtre ! C'est ce que je donne au type qui balaie mon bar.

Billy acquiesça d'un signe de tête. Il ne savait que répondre.

Pour lui-même, Harry demandait trois dollars l'heure. Certains types en ville étaient sans doute plus chers, disait-il, mais c'était son tarif. Pour ce prix-là, il coulerait des fondations, ça prendrait trois semaines.

Il n'y eut pas un seul jour de pluie. Le soleil pesait sur leur dos comme un tas de planches.

Harry sortit la pelle et la houe du coffre de sa voiture. Comme il était grand, il portait les outils d'une main. Il tourna la brouette sur le côté ; au-dessous, sur un morceau de contreplaqué, étaient empilés des sacs de ciment. Il rinça la brouette au tuyau d'arrosage. Puis il commença à mélanger une première quantité de béton : cinq pelletées de gravier, trois de sable, une de ciment. De temps en temps, il s'arrêtait pour ôter un brin d'herbe ou une brindille. Le soleil tapait dur. Il avait brillé dix mille jours au Texas et dans les États avoisinants. Harry tourna et retourna le mélange sec ; enfin, il versa de l'eau, l'incorporant peu à peu au reste. La mixture prit une belle couleur, le gris de la rivière ; du gravier perçait sa surface lisse. Billy était là, à regarder.

– Faut pas que ça soit trop liquide, dit le vieux. On avait toujours l'impression qu'il parlait tout seul. Il posa la houe. O.K., c'est bon.

Ses épaules étaient voûtées, comme figées dans la position du travail. Il saisit les brancards de la brouette sans se redresser.

– Je m'en occupe, dit Billy en tendant les bras.

– Non, non, ça ira, marmonna Harry.

Ses dents firent siffler le *ç*.

Il poussa la brouette lui-même, son contenu maintenant lisse glissait un peu d'un côté à l'autre, puis il la posa brusquement près des coffrages en bois qu'il avait construits – c'était Billy qui avait creusé la tranchée. Après les avoir vérifiés une dernière fois, il inclina la brouette et l'épais liquide s'écoula. Il gratta l'intérieur de la brouette, puis, longeant la tranchée, il donna de petits coups de pelle pour remplir les trous. Lors du deuxième voyage, ce fut Billy qui poussa la brouette. Il était nu jusqu'à la ceinture, le soleil lui brûlait le dos et les épaules ; quand il levait son fardeau, ses muscles tressautaient. Le lendemain, Harry le laissa manier la pelle.

Billy habitait près de l'église catholique, dans une chambre au rez-de-chaussée pourvue d'une cabine de douche métallique. Il dormait sans draps ; le matin, il buvait du lait à même le carton. Il sortait avec une fille appelée Alma, serveuse chez Daly. Elle avait les cuisses dures. Elle parlait peu, sa complaisance le rendait fou. Parfois, elle était chez Gerhart, assise avec quelqu'un dans la brume de voix, les rires gras ; des photos de boxeurs célèbres étaient fixées derrière elle sur le mur. Il y avait des taches d'humidité près du plafond. La porte des toilettes pour hommes claquait.

Ils parlaient d'Alma. Ils se tenaient au bar de manière à pouvoir la voir en se tournant un peu. C'était une fille dans une petite ville. La télévision montrait du football, un match exhibition retransmis de Grand Junction. Tout en regardant le match, ils pensaient aux jambes d'Alma, elle était comme un animal qu'ils désiraient. Elle fumait beaucoup, Alma, mais ses dents restaient blanches. Elle avait le visage plat, comme un boxeur. Elle vivrait dans un camping, lui disait Billy. Ses enfants mangeraient le pain blanc des grands paquets mous de Woody Creek Store.

– Ah ouais ?

Elle ne le niait pas. Elle détournait les yeux. Comme une de ces bêtes. Peu importait leur pureté, leur beauté. Elles descendaient la route dans le fracas des camions d'acier, des brins de paille s'envolaient des véhicules sur leur passage. Les cowboys les regardaient d'un œil froid. Elles pénétraient dans l'abattoir : de brusques coups de merlin, des cris étouffés. Billy dépensait peu d'argent pour elle – il faisait des économies. Elle n'en parlait jamais.

Ils coulèrent le côté de la maison qui donnait sur Third Street, puis commencèrent sur le devant. Sous le soleil qui brûlait ses bras, il pensait à Alma. Il soulevait la lourde brouette et devenait dur de partout, comme un câble tendu. Le soir, quand ils terminaient, Harry lavait les outils au tuyau d'arrosage, rangeait la pelle et la houe dans le coffre de sa voiture. Il s'asseyait sur le siège avant en laissant la portière ouverte. Il se souriait à lui-même. Il soulevait sa casquette et se lissait les cheveux.

– Dis donc, fit-il. Il avait une histoire à raconter. Il regarda par terre. T'as jamais été dans l'Ouest ?

Ça se passait en Californie, dans les années trente. Ils étaient toute une bande qui allaient de ville en ville, cherchant du travail. Un jour, ils arrivèrent dans un endroit, il en avait oublié le nom, et entrèrent dans un petit restaurant. Vous pouviez avoir tout un repas pour trente *cents* à cette époque, mais au moment de l'addition, le patron leur dit qu'ils devaient un dollar cinquante chacun. Si ça ne leur plaisait pas, ajouta-t-il, ils pouvaient aller se plaindre au poste de police qui se trouvait au bout de la rue. Ensuite, Harry se rendit chez le coiffeur – il ressemblait à ce musicien chevelu. Le barbier lui mit une serviette autour du cou. « Une coupe, lui dit Harry. Puis, hé, attendez une seconde, ça va coûter combien ? » Le barbier avait déjà ses ciseaux en main. « Je vois que vous êtes allés manger chez le Grec », dit-il.

Harry eut un petit rire presque timide. Il regarda Billy en montrant ses longues dents. C'étaient les siennes. Billy boutonnait sa chemise.

Il faisait chaud le soir. L'été le plus chaud depuis des années, affirma quelqu'un, le plus chaud qu'il eût jamais connu. Les hommes traînaient chez Gerhart, chaussés de gros souliers poussiéreux.

– Merde, qu'est-ce qu'il fait chaud ! se plaignaient-ils l'un à l'autre.

– Pourrait pas faire encore plus chaud.

– Qu'est-ce que ça sera ? demandait Gerhart.

Son fils idiot rinçait les verres.

– De la bière.

– Il fait assez chaud pour vous ? disait Gerhart en la servant.

Ils se tenaient au bar, les bras couverts de poussière. De l'autre côté de la rue, il y avait un cinéma. En haut, vers le col, la carrière de sable et de gravier. Tout autour, des fermes, une usine de goudron, des hommes comme Wayne Garrich qui ouvraient à peine la bouche, pénétrés d'amertume jusqu'aux os. Ils étaient posés, ils avaient des habitudes polies par le temps. Ils regardaient dehors par les grandes fenêtres semblables à des vitrines de magasin.

– Tiens, v'là Billy.

– Ouais, c'est bien lui.

Ils lançaient leurs phrases à voix basse, comme des paris. Leurs bras appuyés sur le comptoir étaient aussi gros que des bûches.

– À votre avis, il y va ou il en vient ?

Les fondations furent terminées début septembre. Il restait un peu de sable à l'endroit où il avait été entassé, quelques traces de gravier. Les nuits étaient déjà froides, le début du vide hivernal, pas une lumière en ville. Les arbres semblaient silencieux, alanguis. Ils commenceraient soudain à jaunir, les plus gros en dernier.

Harry mourut vers trois heures du matin. Dans le supermarché, derrière les rayonnages, il avait dû s'appuyer, haletant, sur son Caddie. Il essaya de boire un peu de thé. Assis dans son fauteuil, il était entre veille et sommeil, la lumière brûlait dans la cuisine. Soudain, il sentit une terrible explosion de douleur. Sa bouche s'ouvrit, ses lèvres étaient sèches.

Il laissa très peu de chose, quelques vêtements, la Chevrolet remplie d'outils. Tout semblait mort et terne. Le manche de son marteau était doux et lisse. Il avait travaillé un peu partout, il avait construit des bateaux à Galveston pendant la guerre. Il y avait des photos de lui à vingt ans : le même nez crochu, le même visage dur de campagnard. Dans le dépôt mortuaire, il ressemblait à un pharaon. Ils lui avaient croisé les mains. Ses joues étaient creuses, ses paupières pareilles à du papier.

Billy Amstel se rendit au Mexique dans une voiture qu'Alma et lui avaient achetée cent dollars. Ils décidèrent de partager les dépenses. Le soleil faisait briller le pare-brise, ils roulaient vers le sud. Ils se racontaient des histoires, celles de leur vie.

Table

RÉALISATION : IGS-CHARENTE-PHOTOGRAVURE À L'ISLE-D'ESPAGNAC

CPI BUSSIÈRE

Cet ouvrage a été imprimé en France par
CPI Bussière
à Saint-Amand-Montrond (Cher)
en novembre 2010.
N° d'édition : 103070-2. - N° d'impression : 101554.
Dépôt légal : août 2010.

Collection Points

DERNIERS TITRES PARUS

P2105. L'Amérique m'inquiète.
P2108. Quand est-ce qu'on arrive ?, *Howard Buten*
P2109. Tendre est la mer, *Philip Plisson, Yann Queffélec*
P2110. Tabarly, *Yann Queffélec*
P2111. Les Hommes à terre, *Bernard Giraudeau*
P2112. Le Phare appelle à lui la tempête et autres poèmes *Malcolm Lowry*
P2113. L'Invention des Désirades et autres poèmes *Daniel Maximin*
P2114. Antartida, *Francisco Coloane*
P2115. Brefs Aperçus sur l'éternel féminin, *Denis Grozdanovitch*
P2116. Le Vol de la mésange, *François Maspero*
P2117. Tordu, *Jonathan Kellerman*
P2118. Flic à Hollywood, *Joseph Wambaugh*
P2119. Ténébreuses, *Karin Alvtegen*
P2120. La Chanson du jardinier. Les enquêtes de Miss Lalli *Kalpana Swaminathan*
P2121. Portrait de l'écrivain en animal domestique *Lydie Salvayre*
P2122. In memoriam, *Linda Lê*
P2123. Les Rois écarlates, *Tim Willocks*
P2124. Arrivederci amore, *Massimo Carlotto*
P2125. Les Carnets de monsieur Manatane *Benoît Poelvoorde, Pascal Lebrun*
P2126. Guillon aggrave son cas, *Stéphane Guillon*
P2127. Le Manuel du parfait petit masochiste *Dan Greenburg, Marcia Jacobs*
P2128. Shakespeare et moi, *Woody Allen*
P2129. Pour en finir une bonne fois pour toutes avec la culture *Woody Allen*
P2130. Porno, *Irvine Welsh*
P2131. Jubilee, *Margaret Walker*
P2132. Michael Tolliver est vivant, *Armistead Maupin*
P2133. Le Saule, *Hubert Selby Jr*
P2134. Les Européens, *Henry James*
P2135. Comédie new-yorkaise, *David Schickler*
P2136. Professeur d'abstinence, *Tom Perrotta*
P2137. Haut vol : histoire d'amour, *Peter Carey*
P2139. La Danseuse de Mao, *Qiu Xiaolong*
P2140. L'Homme délaissé, *C.J. Box*
P2141. Les Jardins de la mort, *George P. Pelecanos*

P2142. Avril rouge, *Santiago Roncagliolo*
P2143. Ma mère, *Richard Ford*
P2144. Comme une mère, *Karine Reysset*
P2145. Titus d'Enfer. La Trilogie de Gormenghast, 1
Mervyn Peake
P2146. Gormenghast. La Trilogie de Gormenghast, 2
Mervyn Peake
P2147. Au monde.
Ce qu'accoucher veut dire : une sage-femme raconte…
Chantal Birman
P2148. Du plaisir à la dépendance.
Nouvelles thérapies, nouvelles addictions
Michel Lejoyeux
P2149. Carnets d'une longue marche.
Nouvelle marche d'Istanbul à Xi'an
Bernard Ollivier, François Dermaut
P2150. Treize Lunes, *Charles Frazier*
P2151. L'Amour du français.
Contre les puristes et autres censeurs de la langue
Alain Rey
P2152. Le Bout du rouleau, *Richard Ford*
P2153. Belle-sœur, *Patrick Besson*
P2154. Après, Fred Chichin est mort, *Pascale Clark*
P2155. La Leçon du maître et autres nouvelles, *Henry James*
P2156. La Route, *Cormac McCarthy*
P2157. À genoux, *Michael Connelly*
P2158. Baka !, *Dominique Sylvain*
P2159. Toujours L.A., *Bruce Wagner*
P2160. C'est la vie, *Ron Hansen*
P2161. Groom, *François Vallejo*
P2162. Les Démons de Dexter, *Jeff Lindsay*
P2163. Journal 1942-1944, *Hélène Berr*
P2164. Journal 1942-1944 (édition scolaire), *Hélène Berr*
P2165. Pura vida. Vie et Mort de William Walker, *Patrick Deville*
P2166. Terroriste, *John Updike*
P2167. Le Chien de Dieu, *Patrick Bard*
P2168. La Trace, *Richard Collasse*
P2169. L'Homme du lac, *Arnaldur Indridason*
P2170. Et que justice soit faite, *Michael Koryta*
P2171. Le Dernier des Weynfeldt, *Martin Suter*
P2172. Le Noir qui marche à pied, *Louis-Ferdinand Despreez*
P2173. Abysses, *Frank Schätzing*
P2174. L'Audace d'espérer. Un nouveau rêve américain
Barack Obama
P2175. Une Mercedes blanche avec des ailerons, *James Hawes*

P2176. La Fin des mystères, *Scarlett Thomas*
P2177. La Mémoire neuve, *Jérôme Lambert*
P2178. Méli-vélo. Abécédaire amoureux du vélo, *Paul Fournel*
P2179. Le Prince des braqueurs, *Chuck Hogan*
P2180. Corsaires du Levant, *Arturo Pérez-Reverte*
P2181. Mort sur liste d'attente, *Veit Heinichen*
P2182. Héros et Tombes, *Ernesto Sabato*
P2183. Teresa l'après-midi, *Juan Marsé*
P2184. Titus errant. La Trilogie de Gormenghast, 3
Mervyn Peake
P2185. Julie & Julia. Sexe, blog et bœuf bourguignon
Julie Powell
P2186. Le Violon d'Hitler, *Igal Shamir*
P2187. La mère qui voulait être femme, *Maryse Wolinski*
P2188. Le Maître d'amour, *Maryse Wolinski*
P2189. Les Oiseaux de Bangkok, *Manuel Vázquez Montalbán*
P2190. Intérieur Sud, *Bertrand Visage*
P2191. L'homme qui voulait voir Mahona, *Henri Gougaud*
P2192. Écorces de sang, *Tana French*
P2193. Café Lovely, *Rattawut Lapcharoensap*
P2194. Vous ne me connaissez pas, *Joyce Carol Oates*
P2195. La Fortune de l'homme et autres nouvelles, *Anne Brochet*
P2196. L'Été le plus chaud, *Zsuzsa Bánk*
P2197. Ce que je sais… Un magnifique désastre 1988-1995.
Mémoires 2, *Charles Pasqua*
P2198. Ambre, vol. 1, *Kathleen Winsor*
P2199. Ambre, vol. 2, *Kathleen Winsor*
P2200. Mauvaises Nouvelles des étoiles, *Serge Gainsbourg*
P2201. Jour de souffrance, *Catherine Millet*
P2202. Le Marché des amants, *Christine Angot*
P2203. L'État des lieux, *Richard Ford*
P2204. Le Roi de Kahel, *Tierno Monénembo*
P2205. Fugitives, *Alice Munro*
P2206. La Beauté du monde, *Michel Le Bris*
P2207. La Traversée du Mozambique par temps calme
Patrice Pluyette
P2208. Ailleurs, *Julia Leigh*
P2209. Un diamant brut, *Yvette Szczupak-Thomas*
P2210. Trans, *Pavel Hak*
P2211. Peut-être une histoire d'amour, *Martin Page*
P2212. Peuls, *Tierno Monénembo*
P2214. Le Cas Sonderberg, *Elie Wiesel*
P2215. Fureur assassine, *Jonathan Kellerman*
P2216. Misterioso, *Arne Dahl*
P2217. Shotgun Alley, *Andrew Klavan*

P2257. Évitez le divan
Petit guide à l'usage de ceux qui tiennent à leurs symptômes
Philippe Grimbert
P2258. La Chambre de Mariana, *Aharon Appelfeld*
P2259. La Montagne en sucre, *Wallace Stegner*
P2260. Un jour de colère, *Arturo Pérez-Reverte*
P2261. Le Roi transparent, *Rosa Montero*
P2262. Le Syndrome d'Ulysse, *Santiago Gamboa*
P2263. Catholique anonyme, *Thierry Bizot*
P2264. Le Jour et l'Heure, *Guy Bedos*
P2265. Le Parlement des fées
I. L'Orée des bois, *John Crowley*
P2266. Le Parlement des fées
II. L'Art de la mémoire, *John Crowley*
P2267. Best-of Sarko, *Plantu*
P2268. 99 Mots et Expressions à foutre à la poubelle,
Jean-Loup Chiflet
P2269. Le Baleinié. Dictionnaire des tracas
Christine Murillo, Jean-Claude Leguay,
Grégoire Œstermann
P2270. Couverture dangereuse, *Philippe Le Roy*
P2271. Quatre Jours avant Noël, *Donald Harstad*
P2272. Petite Bombe noire, *Christopher Brookmyre*
P2273. Journal d'une année noire, *J.M. Coetzee*
P2274. Faites vous-même votre malheur, *Paul Watzlawick*
P2275. Paysans, *Raymond Depardon*
P2276. Homicide special, *Miles Corwin*
P2277. Mort d'un Chinois à La Havane, *Leonardo Padura*
P2278. Le Radeau de pierre, *José Saramago*
P2279. Contre-jour, *Thomas Pynchon*
P2280. Trick Baby, *Iceberg Slim*
P2281. Perdre est une question de méthode, *Santiago Gamboa*
P2282. Le Rocher de Montmartre, *Joanne Harris*
P2283. L'Enfant du Jeudi noir, *Alejandro Jodorowsky*
P2284. Lui, *Patrick Besson*
P2285. Tarabas, *Joseph Roth*
P2286. Le Cycliste de San Cristobal, *Antonio Skármeta*
P2287. Récit des temps perdus, *Aris Fakinos*
P2288. L'Art délicat du deuil
Les nouvelles enquêtes du juge Ti (vol. 7)
Frédéric Lenormand
P2289. Ceux qu'on aime, *Steve Mosby*
P2290. Lemmer, l'invisible, *Deon Meyer*
P2291. Requiem pour une cité de verre, *Donna Leon*
P2292. La Fille du Samouraï, *Dominique Sylvain*

P2293. Le Bal des débris, *Thierry Jonquet*
P2294. Beltenebros, *Antonio Muñoz Molina*
P2295. Le Bison de la nuit, *Guillermo Arriaga*
P2296. Le Livre noir des serial killers, *Stéphane Bourgoin*
P2297. Une tombe accueillante, *Michael Koryta*
P2298. Roldán, ni mort ni vif, *Manuel Vásquez Montalbán*
P2299. Le Petit Frère, *Manuel Vásquez Montalbán*
P2300. Poussière d'os, *Simon Beckett*
P2301. Le Cerveau de Kennedy, *Henning Mankell*
P2302. Jusque-là… tout allait bien !, *Stéphane Guillon*
P2303. Une parfaite journée parfaite, *Martin Page*
P2304. Corps volatils, *Jakuta Alikavazovic*
P2305. De l'art de prendre la balle au bond
Précis de mécanique gestuelle et spirituelle
Denis Grozdanovitch
P2306. Regarde la vague, *François Emmanuel*
P2307. Des vents contraires, *Olivier Adam*
P2308. Le Septième Voile, *Juan Manuel de Prada*
P2309. Mots d'amour secrets.
100 lettres à décoder pour amants polissons
Jacques Perry-Salkow, Frédéric Schmitter
P2310. Carnets d'un vieil amoureux, *Marcel Mathiot*
P2311. L'Enfer de Matignon, *Raphaëlle Bacqué*
P2312. Un État dans l'État. Le contre-pouvoir maçonnique
Sophie Coignard
P2313. Les Femelles, *Joyce Carol Oates*
P2314. Ce que je suis en réalité demeure inconnu, *Virginia Woolf*
P2315. Luz ou le temps sauvage, *Elsa Osorio*
P2316. Le Voyage des grands hommes, *François Vallejo*
P2317. Black Bazar, *Alain Mabanckou*
P2318. Les Crapauds-brousse, *Tierno Monénembo*
P2319. L'Anté-peuple, *Sony Labou Tansi*
P2320. Anthologie de poésie africaine,
Six poètes d'Afrique francophone, *Alain Mabanckou (dir.)*
P2321. La Malédiction du lamantin, *Moussa Konaté*
P2322. Green Zone, *Rajiv Chandrasekaran*
P2323. L'Histoire d'un mariage, *Andrew Sean Greer*
P2324. Gentlemen, *Klas Östergren*
P2325. La Belle aux oranges, *Jostein Gaarder*
P2326. Bienvenue à Egypt Farm, *Rachel Cusk*
P2327. Plage de Manacorra, 16 h 30, *Philippe Jaenada*
P2328. La Vie d'un homme inconnu, *Andreï Makine*
P2329. L'Invité, *Hwang Sok-yong*
P2330. Petit Abécédaire de culture générale
40 mots-clés passés au microscope, *Albert Jacquard*

P2331. La Grande Histoire des codes secrets, *Laurent Joffrin*
P2332. La Fin de la folie, *Jorge Volpi*
P2333. Le Transfuge, *Robert Littell*
P2334. J'ai entendu pleurer la forêt, *Françoise Perriot*
P2335. Nos grand-mères savaient
Petit dictionnaire des plantes qui guérissent, *Jean Palaiseul*
P2336. Journée d'un opritchnik, *Vladimir Sorokine*
P2337. Cette France qu'on oublie d'aimer, *Andreï Makine*
P2338. La Servante insoumise, *Jane Harris*
P2339. Le Vrai Canard, *Karl Laske, Laurent Valdiguié*
P2340. Vie de poète, *Robert Walser*
P2341. Sister Carrie, *Theodore Dreiser*
P2342. Le Fil du rasoir, *William Somerset Maugham*
P2343. Anthologie. Du rouge aux lèvres. Haïjins japonaises.
Haïkus de poétesses japonaises du Moyen Age à nos jours
P2344. Poèmes choisis, *Marceline Desbordes-Valmore*
P2345. « Je souffre trop, je t'aime trop », Passions d'écrivains
sous la direction de Olivier et Patrick Poivre d'Arvor
P2346. « Faut-il brûler ce livre ? », Écrivains en procès
sous la direction de Olivier et Patrick Poivre d'Arvor
P2347. À ciel ouvert, *Nelly Arcan*
P2348. L'Hirondelle avant l'orage, *Robert Littell*
P2349. Fuck America, *Edgar Hilsenrath*
P2350. Départs anticipés, *Christopher Buckley*
P2351. Zelda, *Jacques Tournier*
P2352. Anesthésie locale, *Günter Grass*
P2353. Les filles sont au café, *Geneviève Brisac*
P2354. Comédies en tout genre, *Jonathan Kellerman*
P2355. L'Athlète, *Knut Faldbakken*
P2356. Le Diable de Blind River, *Steve Hamilton*
P2357. Le doute m'habite.
Textes choisis et présentés par Christian Gonon
Pierre Desproges
P2358. La Lampe d'Aladino et autres histoires pour vaincre l'oubli
Luis Sepúlveda
P2359. Julius Winsome, *Gerard Donovan*
P2360. Speed Queen, *Stewart O'Nan*
P2361. Dope, *Sara Gran*
P2362. De ma prison, *Taslima Nasreen*
P2363. Les Ghettos du Gotha. Au cœur de la grande bourgeoisie
Michel Pinçon et Monique Pinçon-Charlot
P2364. Je dépasse mes peurs et mes angoisses
Christophe André et Muzo
P2365. Afrique(s), *Raymond Depardon*
P2366. La Couleur du bonheur, *Wei-Wei*

P2367. La Solitude des nombres premiers, *Paolo Giordano*
P2368. Des histoires pour rien, *Lorrie Moore*
P2369. Déroutes, *Lorrie Moore*
P2370. Le Sang des Dalton, *Ron Hansen*
P2371. La Décimation, *Rick Bass*
P2372. La Rivière des Indiens, *Jeffrey Lent*
P2373. L'Agent indien, *Dan O'Brien*
P2374. Pensez, lisez. 40 livres pour rester intelligent
P2375. Des héros ordinaires, *Eva Joly*
P2376. Le Grand Voyage de la vie. Un père raconte à son fils, *Tiziano Terzani*
P2377. Naufrages, *Francisco Coloane*
P2378. Le Remède et le Poison, *Dirk Wittenbork*
P2379. Made in China, *J. M. Erre*
P2380. Joséphine, *Jean Rolin*
P2381. Un mort à l'Hôtel Koryo, *James Church*
P2382. Ciels de foudre, *C.J. Box*
P2383. Robin des bois, prince des voleurs, *Alexandre Dumas*
P2384. Comment parler le belge, *Philippe Genion*
P2385. Le Sottisier de l'école, *Philippe Mignaval*
P2386. « À toi, ma mère », Correspondances intimes *sous la direction de Olivier et Patrick Poivre d'Arvor*
P2387. « Entre la mer et le ciel », Rêves et récits de navigateurs *sous la direction de Olivier et Patrick Poivre d'Arvor*
P2388. L'Île du lézard vert, *Eduardo Manet*
P2389. « La paix a ses chances », *suivi de* « Nous proclamons la création d'un État juif », *suivi de* « La Palestine est le pays natal du peuple palestinien » *Itzhak Rabin, David Ben Gourion, Yasser Arafat*
P2390. « Une révolution des consciences », *suivi de* « Appeler le peuple à la lutte ouverte » *Aung San Suu Kyi, Léon Trotsky*
P2391. « Le temps est venu », *suivi de* « Éveillez-vous à la liberté », *Nelson Mandela, Jawaharlal Nehru*
P2392. « Entre ici, Jean Moulin », *suivi de* « Vous ne serez pas morts en vain », *André Malraux, Thomas Mann*
P2393. Bon pour le moral ! 40 livres pour se faire du bien
P2394. Les 40 livres de chevet des stars, The Guide
P2395. 40 livres pour se faire peur, Guide du polar
P2396. Tout est sous contrôle, *Hugh Laurie*
P2397. Le Verdict du plomb, *Michael Connelly*
P2398. Heureux au jeu, *Lawrence Block*
P2399. Corbeau à Hollywood, *Joseph Wambaugh*
P2400. Pêche à la carpe sous Valium, *Graham Parker*
P2401. Je suis très à cheval sur les principes, *David Sedaris*

P2402. Si loin de vous, *Nina Revoyr*
P2403. Les Eaux mortes du Mékong, *Kim Lefèvre*
P2404. Cher amour, *Bernard Giraudeau*
P2405. Les Aventures miraculeuses de Pomponius Flatus
Eduardo Mendoza
P2406. Un mensonge sur mon père, *John Burnside*
P2407. Hiver arctique, *Arnaldur Indridason*
P2408. Sœurs de sang, *Dominique Sylvain*
P2409. La Route de tous les dangers, *Kriss Nelscott*
P2410. Quand je serai roi, *Enrique Serna*
P2411. Le Livre des secrets. La vie cachée d'Esperanza Gorst
Michael Cox
P2412. Sans douceur excessive, *Lee Child*
P2413. Notre guerre. Journal de Résistance 1940-1945
Agnès Humbert
P2414. Le jour où mon père s'est tu, *Virginie Linhart*
P2415. Le Meilleur de « L'Os à moelle », *Pierre Dac*
P2416. Les Pipoles à la porte, *Didier Porte*
P2417. Trois tasses de thé. La mission de paix d'un Américain au Pakistan et en Afghanistan
Greg Mortenson et David Oliver Relin
P2418. Un mec sympa, *Laurent Chalumeau*
P2419. Au diable vauvert, *Maryse Wolinski*
P2420. Le Cinquième Évangile, *Michael Faber*
P2421. Chanson sans paroles, *Ann Packer*
P2422. Grand-mère déballe tout, *Irene Dische*
P2423. La Couturière, *Frances de Pontes Peebles*
P2424. Le Scandale de la saison, *Sophie Gee*
P2425. Ursúa, *William Ospina*
P2426. Blonde de nuit, *Thomas Perry*
P2427. La Petite Brocante des mots. Bizarreries, curiosités et autres enchantements du français, *Thierry Leguay*
P2428. Villages, *John Updike*
P2429. Le Directeur de nuit, *John le Carré*
P2430. Petit Bréviaire du braqueur, *Christopher Brookmyre*
P2431. Un jour en mai, *George Pelecanos*
P2432. Les Boucanières, *Edith Wharton*
P2433. Choisir la psychanalyse, *Jean-Pierre Winter*
P2434. À l'ombre de la mort, *Veit Heinichen*
P2435. Ce que savent les morts, *Laura Lippman*
P2436. István arrive par le train du soir, *Anne-Marie Garat*
P2437. Jardin de poèmes enfantins, *Robert Louis Stevenson*
P2438. Netherland, *Joseph O'Neill*
P2439. Le Remplaçant, *Agnès Desarthe*
P2440. Démon, *Thierry Hesse*

P2441. Du côté de Castle Rock, *Alice Munro*
P2442. Rencontres fortuites, *Mavis Gallant*
P2443. Le Chasseur, *Julia Leigh*
P2444. Demi-Sommeil, *Eric Reinhardt*
P2445. Petit déjeuner avec Mick Jagger, *Nathalie Kuperman*
P2446. Pirouettes dans les ténèbres, *François Vallejo*
P2447. Maurice à la poule, *Matthias Zschokke*
P2448. La Montée des eaux, *Thomas B. Reverdy*
P2449. La Vaine Attente, *Nadeem Aslam*
P2450. American Express, *James Salter*
P2451. Le lendemain, elle était souriante, *Simone Signoret*
P2452. Le Roman de la Bretagne, *Gilles Martin-Chauffier*
P2453. Baptiste, *Vincent Borel*
P2454. Crimes d'amour et de haine, *Faye et Jonathan Kellerman*
P2455. Publicité meurtrière, *Petros Markaris*
P2456. Le Club du crime parfait, *Andrés Trapiello*
P2457. Mort d'un maître de go.
Les nouvelles enquêtes du Juge Ti (vol. 8)
Frédéric Lenormand
P2458. Le Voyage de l'éléphant, *José Saramago*
P2459. L'Arc-en-ciel de la gravité, *Thomas Pynchon*
P2460. La Dure Loi du Karma, *Mo Yan*
P2461. Comme deux gouttes d'eau, *Tana French*
P2462. Triste Flic, *Hugo Hamilton*
P2463. Last exit to Brest, *Claude Bathany*
P2464. Mais le fleuve tuera l'homme blanc, *Patrick Besson*
P2465. Lettre à un ami perdu, *Patrick Besson*
P2466. Les Insomniaques, *Camille de Villeneuve*
P2467. Les Veilleurs, *Vincent Message*
P2468. Bella Ciao, *Eric Holder*
P2469. Monsieur Joos, *Frédéric Dard*
P2470. La Peuchère, *Frédéric Dard*
P2471. La Saga des francs-maçons
Marie-France Etchegoin, Frédéric Lenoir
P2472. Biographie de Alfred de Musset, *Paul de Musset*
P2473. Conseils à une Parisienne, et autres poèmes choisis
Alfred de Musset
P2474. Le Roman de l'âme slave, *Vladimir Fédorovski*
P2475. La Guerre et la Paix, *Léon Tolstoï*
P2220. Une année dans la vie de Tolstoï, *Jay Parini*
P2476. Propos sur l'imparfait, *Jacques Drillon*
P2477. Le Sottisier du collège, *Philippe Mignaval*
P2478. Brèves de philo, *Laurence Devillairs*
P2479. L'Arbre du père, *Judy Pascoe*
P2480. Contes carnivores, *Bernard Quiriny*